Guia de conversação comercial

Espanhol

de Àngels Martínez

Martins Fontes
São Paulo 2000

*Esta obra foi publicada originalmente em alemão com o título
BUSINESS SPRACHFÜHRER SPANISCH por Klett Verlag, Stuttgart.
Copyright © Ernest Klett Verlag GmbH, Stuttgart,
República Federal da Alemanha, 1998.
Copyright © Livraria Martins Fontes Editora Ltda.,
São Paulo, 2000, para a presente edição.*

1ª edição
maio de 2000

Tradução
M.F.

Revisão gráfica
*Solange Martins
Ana Maria de Oliveira Mendes Barbosa*
Produção gráfica
Geraldo Alves
Paginação/Fotolitos
Studio 3 Desenvolvimento Editorial (6957-7653)

**Dados Internacionais de Catalogação na Publicação (CIP)
(Câmara Brasileira do Livro, SP, Brasil)**

Martínez, Àngels
    Guia de conversação comercial : espanhol / de Àngels Martínez ; (tradução M.F.). – São Paulo : Martins Fontes, 2000.

   Título original: Business Sprachführer Spanisch.
   ISBN 85-336-1252-4

   1. Conversação 2. Espanhol comercial I. Título.

00-1855   CDD-468.3

Índices para catálogo sistemático:
1. Conversação comercial : Espanhol : Lingüística   468.3
2. Espanhol : Conversação comercial : Lingüística   468.3

Todos os direitos para o Brasil reservados à
Livraria Martins Fontes Editora Ltda.
*Rua Conselheiro Ramalho, 330/340
01325-000 São Paulo SP Brasil
Tel. (11) 239-3677 Fax (11) 3105-6867
e-mail: info@martinsfontes.com
http://www.martinsfontes.com*

Índice

Prefácio 8

1 Informações úteis para sua viagem 9

Nacionalidades e línguas 9
  Espanha 9
  As línguas faladas na Espanha 10
  Outros países de língua espanhola 10
  O espanhol na América Latina 10
Nome, sobrenome e formas de tratamento 11
Títulos 12
Gesticulação 12
Palavrões e palavras-tabus 12

2 O essencial em poucas palavras 13

Cumprimentos 13
Apresentação 14
Despedir-se 14
Pedir um favor 15
Agradecer 15
Desculpar-se, lamentar 16
Opinar 16
Mostrar interesse 17
Entender-se 17
Números 18
  Números cardinais 18
  Números ordinais 18
  Números fracionários 18
  Símbolos aritméticos 19
Data e horas 19
  Dias da semana 19
  Meses do ano 19
  Feriados principais 19
  Horas 20
  Mapa de fusos horários 21
  Indicações gerais de tempo 22
Pesos e medidas 22
Cores 22
Soletrar 23
Abreviações úteis 23
Países e nacionalidades 24

3 Telefonar 26

Discagem direta 26
Dizer o número de telefone 27
Atender o telefone 27
Perguntar por alguém 27
Contatar alguém 28
Alguém está inacessível 28

Deixar um recado 29
Mensagem gravada 29
Deixar uma mensagem na secretária eletrônica 29
Problemas na ligação 29
Encerrar uma conversa 30

4 Preparativos de viagem 31

Como se vestir? 31
Marcar um encontro 31
Adiar um encontro 32
Confirmar uma visita 32
Reserva de quarto 33

5 A caminho 35

Avião 35
  Reserva de passagem aérea 35
  No aeroporto 35
  Check-in 36
  Avisos pelo alto-falante 36
  A bordo 37
  Chegada, problemas 37
Alfândega 38
Trem e ônibus interurbanos 38
Táxi 40
Carros de aluguel 40
No trânsito 41
Ônibus e metrô 42

6 Hospedagem 43

Na recepção 43
Perguntas e pedidos 44
Problemas 44
Partida 45

7 Gastronomia 47

Restaurantes 47
Ir comer 47
Reservar uma mesa 48
Fazer o pedido 48
Algumas especialidades regionais 49
Cozinha latino-americana 50
Modos de preparo 50
Cardápio 51
  Café da manhã 51
  Entradas 51
  Carnes e aves 52
  Peixes e frutos do mar 52
  Peixes e mariscos do Pacífico 53
  Sobremesas 53
Carta de bebidas 54

Bebidas alcoólicas 54
Bebidas sem álcool 54
Pedir e reclamar 55
Pagar 56
Gorjeta 56

8 Na cidade 57

Perguntar um caminho 57
Indicações de lugar 58
Prédios e edifícios 58
Atividades culturais e espetáculos 59
Fazer compras 60
Banco 62
Correio 63

9 Feiras 64

Informações gerais 64
Organização, pavilhões, estande 64
Propaganda e material publicitário 65
Contato com os clientes 66
Atender aos visitantes 66
Descrição do produto 67
Encomendas 68
Condições de entrega 69
Condições de pagamento 69

10 Organização e estrutura da empresa 71

Tipos de empresas 71
Órgãos, capital ... 71
Setores de atividade, desenvolvimento da empresa 72
Organização interna 75
Áreas de responsabilidade 76
Profissões 77

11 Visita às empresas 78

Pontualidade 78
Edifícios e instalações 78
Na recepção 79
Apresentações 79
Pedir, solicitar 80
Equipamento e material de escritório 80
Programa da visita 81
Visita às instalações 81
Unidade de produção 82
Instruções 83
Encerrar a visita 83

12 Parceria 84

Aquecimento 84
Entrar no assunto 84

Pedir esclarecimentos 86
Responder 86
Negociar 86
Concentrar-se no essencial 88
Pedir um prazo 88
Fechar o negócio 89
Contratos 89
Discutir problemas 90

13 Reuniões 92

O que fazer com o paletó? 92
Abrir a reunião 92
Pauta do dia 92
Opiniões 93
Enfocar o assunto e elucidar questões 93
Esclarecer 94
Interromper 94
Conduzir a discussão 95
Resumir e concluir 95

14 Exposições orais 97

Estilo 97
Equipamento 97
Introdução à apresentação 98
Mensagem 98
Explicar e comentar diagramas 99
Resumir 101
Aplausos 101
Rodada de perguntas 101

15 Convites profissionais e pessoais 102

Espetáculos 102
Sair para jantar 103
  Brindar 104
  Falar de negócios durante as refeições 104
  Quem paga a conta? 104
Convite para um jantar em casa 105
  O que presentear à anfitriã? 105
  Agradecer e ser cortês 105
  À mesa 105
  Hora de despedir-se 106

16 Conversa trivial 107

Iniciar uma conversa 107
Temas e tabus 107
Negócios 108
Economia e política 108
Países, regiões, cidades 109
Pontos turísticos e lembranças 109

Crianças 110
Em boa forma 110
Passatempos 110
Votos e congratulações 111

17 Socorro! 112

Saúde 112
  No consultório médico 112
  No dentista 113
  Na farmácia 114
  Na ótica 114
Polícia 115
Acidente de trânsito 115
Achados e perdidos 116

Índice remissivo 117

Abreviações utilizadas

AL		uso corrente na América Latina
Arg		Argentina
Equa		Equador
Esp		Espanha
Mex		México
Par		Paraguai
Sr.	Señor	Senhor
Sra.	Señora	Senhora
tb.		também
Ud.	Usted	o sr., a sra.
Uds.	Ustedes	os srs., as sras., vocês
Urug		Uruguai

Instruções para o usuário

Em geral, os substantivos terminados em **-o** são masculinos (**el** ingenier**o** – o engenheiro) e os terminados em **-a** são femininos (**la** ingenier**a** – a engenheira). Assim, o gênero dos substantivos somente será indicado quando ocorrer algum desvio desta regra (**el** electricist**a** – o eletricista) ou apresentar outras terminações. O mesmo aplica-se aos adjetivos.

No espanhol, nos casos em que houver diferenças conforme o interlocutor seja do sexo masculino ou do feminino, a forma do feminino será registrada entre parênteses. Nos casos em que houver diferenças conforme se trate de um ou de mais interlocutores, as formas do plural constarão entre colchetes.

Exemplos:

Encantado(-a)	um homem diz:	Encantado.
	uma mulher diz:	Encantada.
Le(s) llamaré.	um interlocutor:	Le llamaré.
	dois ou mais interlocutores:	Les llamaré.

Prefácio

Atualmente as viagens de negócios para o exterior fazem parte do cotidiano de executivos, técnicos e vendedores ... E isso tende a acontecer cada vez mais com o avanço da globalização.

Homens de negócios constatam que, quando seus contatos com parceiros estrangeiros fracassam, raramente isso ocorre apenas por causa das barreiras de língua. Assim, para que as relações comerciais sejam bem-sucedidas, é extremamente importante conhecer também a cultura e a mentalidade de um país.

É justamente por isso que o *Guia de conversação comercial espanhol* oferece, ao lado de uma grande variedade de expressões úteis e de um extenso vocabulário, inúmeras dicas práticas.

O *Guia de conversação comercial espanhol* está dividido em 17 áreas temáticas, abrangendo as atividades comerciais mais importantes: desde visitas a feiras e empresas, negociações de contratos e exposições orais, até conversas triviais com o parceiro comercial. Além disso, o *Guia de conversação comercial espanhol* contém todas as situações com as quais deparamos numa viagem ao exterior (hotel, gastronomia, compras...).

A Espanha constitui o ponto central do *Guia de conversação comercial espanhol*. Contudo, ele também apresenta informações sobre especificidades lingüísticas e culturais de países da América Latina.

O *Guia de conversação comercial espanhol*, portanto, além de ser um auxiliar para a comunicação oral, também contribui para uma ambientação nos países de língua espanhola e para o estabelecimento de relações comerciais satisfatórias.

Informações úteis para sua viagem

Nacionalidades e línguas

Espanha

→•• ▶ Além do território nacional propriamente dito, também pertencem à Espanha o grupo de ilhas Baleares e Canárias, assim como as cidades norte-africanas Ceuta e Melilla. Sua população totaliza hoje cerca de 40 milhões de habitantes.

Atualmente, o país divide-se em 17 comunidades autônomas, dentre as quais o País Basco, a Catalunha e a Galiza denominam-se autonomías históricas em razão de sua história e línguas próprias.

Andaluzia	Andalucía
Aragão	Aragón
Astúrias	Asturias
Cantábria	Cantabria
Castela do Norte	Castilla-León
Castela do Sul	Castilla-La Mancha
Catalunha	Cataluña
Estremadura	Extremadura
Galiza	Galicia
Ilhas Baleares	Baleares
Ilhas Canárias	Canarias
Madri	Madrid
Múrcia	Murcia
Navarra	Navarra
País Basco	Euskadi
Rioja	La Rioja
Valência	Valencia

→•• ▶ Após 40 anos de ditadura, no final de 1975, em virtude da atuação do rei Juan Carlos e, a partir de 1978, amparada por uma constituição democrática, a Espanha encontra os caminhos da democracia. Em 1986, torna-se membro da Comunidade Européia.

Nos últimos 20 anos a Espanha passou por um processo de intenso desenvolvimento. Eventos como a Exposição Mundial de Sevilha e os Jogos Olímpicos em Barcelona são um testemunho de que a Espanha, hoje, insere-se no rol dos países economicamente mais desenvolvidos do mundo.

Apesar de todas essas mudanças, os espanhóis conservam muito da sua cultura tradicional. Fazem parte dessa tradição a hospitalidade, a alegria de viver e uma certa condescendência para com os horários. Quem costuma ser pontual terá, muitas vezes, de aguardar um certo tempo a mais. Os espanhóis sempre privilegiam mais um contato pessoal do que planos pré-fixados e encontros marcados.

As línguas faladas na Espanha

→•• ▶ Ao lado da língua oficial do país, que é o espanhol (ou castelhano), na Espanha também se falam: o basco, o galego e o catalão, línguas regionais que, nas respectivas comunidades autônomas, são até utilizadas como língua administrativa. Nunca se deve qualificá-las como dialetos, pois, além de ser totalmente incorreto, isso magoaria profundamente os bascos, os galegos e os catalães.

basco	vasco *(Euskadi, Navarra)*
catalão	el catalán *(Cataluña, Valencia, Baleares)*
espanhol	castellano
galego	gallego *(Galicia)*

O catalão e o galego, de resto, também são falados no mundo dos negócios. Numa conversa com interlocutores de língua estrangeira, aprecia-se muito quando estes dominam algumas palavras dessas línguas regionais.

Outros países de língua espanhola

▶▶ **2** *Países e nacionalidades*

→•• ▶ O espaço de língua espanhola (ou castelhano) na América estende-se da América do Norte (México) até o cabo de Horn, no Chile. Nos Estados Unidos vivem cerca de 21 milhões de pessoas que se comunicam por meio da língua espanhola.

No entanto, nessa extensão existem numerosas exceções: no Brasil, fala-se o português, nas Guianas fala-se o francês e o holandês, e no Haiti o francês é a língua utilizada nos meios de comunicação. No Peru, embora a maioria da população fale e entenda o espanhol, numa ampla região o quíchua ainda é a língua predominante. No Chile, uma minoria da população fala mapudungo e na Bolívia o aimará.

Em Porto Rico fala-se sobretudo inglês. Embora tenha sido uma colônia da Espanha, atualmente Porto Rico pertence aos Estados Unidos na condição de Estado Associado.

Nas Filipinas, o espanhol é falado pelos membros da camada social mais elevada do país, descendentes dos colonizadores espanhóis. Contudo, a maioria da população fala inglês ou uma mistura do inglês com a língua das Filipinas e o espanhol.

O espanhol na América Latina

→•• ▶ Em nenhum dos países da América Latina se fala dialeto do espanhol. Embora já se tenham passado mais de quinhentos anos desde o descobrimento da América, os habitantes dos diversos

países latino-americanos de língua espanhola falam o mesmo espanhol que os habitantes da Espanha.
Há pequenas diferenças quanto à entonação ou, ainda, quanto ao sentido ou ao emprego de algumas palavras.
Para citar um exemplo, em quase toda a América e na Andaluzia emprega-se comumente Ustedes no lugar de vosotros (vós, vocês). Assim, enquanto o termo Usted significa apenas "o senhor, a senhora", Ustedes é empregado no sentido de "os senhores, as senhoras" e também, num tratamento mais informal, no sentido de "vocês".
Na Argentina, por sua vez, sobretudo em ocasiões menos formais, utiliza-se vos (forma condensada de vosotros) em vez de tú ou Ud. / Uds.

Além disso, a entonação do espanhol na América Latina, em especial na Argentina, é mais branda e harmoniosa do que na Espanha. O diminutivo é comumente muito mais utilizado na América Latina do que na Espanha. Assim, por exemplo, un poco transforma-se logo em un poquito ou, até mesmo, em un poquitito.

Nome, sobrenome e formas de tratamento

•••▶ Todos os espanhóis e latino-americanos têm dois sobrenomes. Em geral, eles possuem um primeiro sobrenome principal, o do pai, e um secundário, o da mãe.

Em regra, na Espanha atual, para uma mulher solteira, utiliza-se a forma de tratamento Señorita. Señora é reservado às mulheres casadas. A forma de tratamento empregada depende, geralmente, da idade do interlocutor.
Na América Latina, em caso de dúvida, aconselha-se utilizar o termo Señora ao dirigir-se a uma mulher.

De resto, na Espanha e na América Latina, as formas de tratamento formal, correspondentes a "o senhor" e "a senhora", não são empregadas com tanta freqüência e a passagem para o tratamento informal, correspondente a "você", ocorre com muita rapidez. Mesmo entre parceiros comerciais a forma de tratamento informal é adotada em curto espaço de tempo. No entanto, para não cometer nenhuma inconveniência, aconselha-se a utilização do tratamento formal até o momento em que o parceiro sugira seu abandono.

Títulos

▶••▶ Na Espanha há um grande número de títulos, que todavia são empregados em raras ocasiões. Chamar alguém de señor doctor Hernández é considerado meio ridículo. Assim, nenhum "doutor" deverá se espantar se for tratado simplesmente por señor.

Já na América Latina, em regra, principalmente os médicos, mas também os advogados e engenheiros, são chamados de señor doctor, visto que nestes países o título de doutor só pode ser alcançado em poucas universidades.

Gesticulação

▶•••▶ Tanto para os espanhóis como para os latino-americanos, a linguagem corporal desempenha um papel muito importante na comunicação oral. As conversas são sempre acompanhadas por gestos e expressões faciais eloqüentes.

Palavrões e palavras-tabus

▶•••▶ O emprego dessas palavras não é aconselhável, uma vez que dificilmente um estrangeiro consegue avaliar o peso de uma determinada expressão numa língua que não seja a sua. Alguns dos mais comuns são mierda (merda), hostia (droga), puta (puta), joder (foder), coño (droga)...

Os latino-americanos não lidam com a mesma naturalidade que os espanhóis do norte e do centro com expressões ligadas ao sexo ou à sexualidade. Assim, por exemplo, quando na Espanha alguém pergunta Como está Ud.? ("Como vai?"), uma resposta corrente é Tirando ("Vou indo."), que na América Latina é uma palavra de baixo calão, cujo sentido seria "fodendo".

No Chile, evite utilizar palavras derivadas de huevo ("ovo"), como por exemplo huevón, huevito, etc., a não ser que realmente esteja falando de "ovo", pois ocorrerá uma associação com "testículos". Também a palavra concha (concha) deve ser evitada, pois apresenta dupla significação: "concha" e "vagina". A palavra culo ("cu") nunca deve ser utilizada.

Na Argentina, cajetilla ("safado"), boludo ("idiota", "bobalhão", "panaca") e pelotudo ("panaca", "idiota") são palavrões. O verbo coger ("foder") deve ser evitado, é claro.

Na América Central e no México, não pronuncie o termo chingar de forma alguma, pois tem conotação sexual.

O essencial em poucas palavras

Cumprimentos
Saludos

Bom dia! / Boa tarde!
¡Buenos días! / ¡Buenas tardes!

Boa noite!
¡Buenas noches!

→ *Buenos días diz-se de manhã, até o meio-dia; buenas tardes, à tarde, até o escurecer; à noite diz-se então buenas noches.*

Cumprimentar-se com um aperto de mãos é comum na América Latina, mas não necessariamente obrigatório. Em encontros ou reuniões informais, as pessoas cumprimentam-se às vezes com um simples ¡hola!. Tanto na Espanha quanto na América Latina, é costume entre conhecidos e amigos cumprimentarem com dois beijinhos, um de cada lado do rosto. Os homens não se beijam.

Olá! / Oi!
¡Hola!

Como vai o senhor / a senhora?
¿Cómo está Ud.? / ¿Qué tal (está Ud.)?

Bem, obrigado, e o senhor / a senhora?
Bien, gracias. ¿Y Ud.?

Vou indo, obrigado.
Tirando, gracias. (*Chile, Arg:* Aquí estamos. / Bien.)

→ *Na América Latina nunca responda tirando*

Não estou mal, obrigado.
No va mal, gracias.

Desejo-lhe(s) um bom dia.
Pues que tenga(n) un buen día.

Apresentação ▶▶ **1** *Nome, sobrenome, formas de tratamento, títulos*

Presentación

▶●●▶ *Na Espanha, ao apresentar-se, a pessoa diz apenas o sobrenome (me llamo Pérez) ou o nome acrescido do sobrenome (me llamo Eusebio Pérez).*
Na América Latina costuma-se dizer o nome completo, isto é, o nome e os dois sobrenomes.

Eu me chamo .... Sou da empresa ...
Me llamo .... Soy de la empresa ...
Gostaria de apresentar-lhe(s) o sr. / a sra. ...
Me gustaría presentarle(s) al Sr./a la Sra. ...
Prazer em conhecê-lo(-a)(s)!
Encantado(-a) de conocerle(-la)(s).
O prazer é todo meu.
El gusto es mío.
Nós já nos conhecíamos.
Ya nos conocíamos.
Nós nos conhecemos há pouco tempo.
Nos hemos conocido hace poco.
Foi um prazer conhecê-lo(-a)(s).
Ha sido un placer conocerle(s).

Despedir-se ▶▶ **11** *Encerrar a visita*

Despedirse

Até logo!
¡Adiós!
Até breve!
¡Hasta pronto! (*AL:* ¡Hasta luego!)
Até amanhã!
¡Hasta mañana!
Até a próxima!
¡Hasta la próxima!
Dê lembranças minhas a(o) ...
Salude a ... de mi parte.
Boa sorte!
¡Que le(s) vaya bien!
Estaremos em contato.
Ya nos llamaremos.

Boa viagem!
¡Buen viaje!
Eu entrarei em contato.
Ya le(s) llamaré.

Pedir um favor
Pedir algo

O senhor / a senhora pode-me ajudar, por favor?
¿Puede Ud. ayudarme, por favor?
O senhor / a senhora se importaria se ...?
¿Le importaría si ...?
O senhor / a senhora poderia fazer o favor ....?
¿Podría Ud. por favor ...?
Seria possível ...?
¿Sería posible ...?
O senhor / a senhora poderia fazer a gentileza de ...?
¿Sería Ud. tan amable de ...?
Posso pedir-lhe(s) um favor?
¿Puedo pedirle(s) un favor?
O(s) senhor(es) / a(s) senhora(s) se incomoda(m) se eu fumar?
¿Le(s) molesta que fume?

Agradecer
Dar las gracias

Obrigado!
Gracias.
Muito obrigado.
Muchas gracias.
De nada.
De nada.
Não há de quê.
No hay de qué.
Sou muito grato(-a) a você(s).
Le(s) estoy muy agradecido(-a).
Obrigado, foi muito amável de sua parte.
Gracias, ha sido muy amable de su parte.
Quero / Gostaria de agradecer-lhe(s) o convite.
Quería / Quisiera darle(s) las gracias por la invitación.

Desculpar-se, lamentar
Disculparse, lamentar algo

Desculpe, ...
Perdone, ...

Perdão! Desculpe(m)-me!
¡Perdón! / ¡Disculpe!

Sinto muito (mesmo).
Lo siento (de veras).

Não foi isso que eu quis dizer.
No quería decir eso.

Espero que me desculpe(m) ...
Espero que sabrá(n) disculpar ...

Não tem importância.
No tiene importancia.

Não me diga!
¡No me diga!

Lamento (muito) ...
Lamento (muchísimo) ...

Sinto muito!
¡Cuánto lo siento!

Opinar ▶▶ 13 *Opiniões*
Dar la opinión

Acho que ...
Creo que ...

Tenho certeza de que ...
Estoy seguro(-a) de que ...

Estou convencido(-a) de que ...
Estoy convencido(-a) de que ...

Talvez ...
Quizá ...

Pode ser que ...
Puede ser que ...

Depende de ...
Depende de ...

Não sou dessa opinião.
No soy de esa opinión.

Concordo. / Não concordo.
Estoy de acuerdo. / No estoy de acuerdo.

Tem razão!
¡Tiene razón!

Mostrar interesse
Mostrar interés

Compreendo.
Entiendo.

Muito interessante!
¡Muy interesante!

É realmente impressionante.
Realmente impresionante.

Eu não sabia disso.
No lo sabía.

Eu não fazia idéia.
No tenía ni idea.

É mesmo?
¿De veras?

Sério?
¿En serio?

Acho magnífico.
Me parece estupendo.

Entender-se ▸▸ **3** *Telefonar*
Llegar a entenderse

Como?
¿Cómo dice?

Desculpe-me, mas eu não o(a) entendi bem.
Disculpe, pero no le he entendido bien.

Infelizmente não falo muito bem espanhol.
Desgraciadamente no hablo muy bien español.

Como se diz ... em espanhol?
¿Cómo se dice ... en español?

Poderia me explicar de novo?
¿Podría volver a explicarlo?

Poderia repetir, por favor?
¿Podría repetirlo, por favor?

O senhor / a senhora poderia soletrar isso, por favor?
¿Podría Ud. deletrearlo, por favor?

Como se pronuncia esta palavra?
¿Cómo se pronuncia esta palabra?

Poderia escrever isso para mim, por favor?
¿Podría escribírmelo?

Símbolos aritméticos
Símbolos aritméticos

+ y, más
× por, multiplicado por
= igual a

− menos
dividido por

Data e horas
La fecha y la hora

Que dia é hoje?
¿Qué día es hoy?

Em que dia estamos?
¿A cuántos estamos hoy?

Hoje é 18 de setembro.
Hoy es el dieciocho de septiembre.

Mil novecentos e noventa e oito./ Dois mil e um.
Mil novecientos noventa y ocho./Dos mil uno.

Dias das semana
Los días de la semana

segunda-feira	lunes	terça-feira	martes
quarta-feira	miércoles	quinta-feira	jueves
sexta-feira	viernes	sábado	sábado
domingo	domingo		

Meses do ano
Los meses del año

▸•• ▸ *Atenção! Em agosto a Espanha fica quase completamente "bloqueada" com as viagens de férias. Portanto, não é uma época adequada para as viagens de negócios.*

janeiro	enero	fevereiro	febrero
março	marzo	abril	abril
maio	mayo	junho	junio
julho	julio	agosto	agosto
setembro	septiembre	outubro	octubre
novembro	noviembre	dezembro	diciembre

Feriados principais
Los días festivos principales

▸•• ▸ *Na Espanha, não perca de vista os feriados de cada uma das comunidades autônomas (autonomías).*
Na América Latina cada país tem, evidentemente, os seus próprios feriados. Dentre os mais importantes está o dia de sua independên-

Números
Números

Números cardinais
Números cardinales

0	cero	22	veintidós
1	un, uno	23	veintitrés
2	dos	30	treinta
3	tres	31	treinta y uno(-a)
4	cuatro	32	treinta y dos
5	cinco	40	cuarenta
6	seis	50	cincuenta
7	siete	60	sesenta
8	ocho	70	setenta
9	nueve	80	ochenta
10	diez	90	noventa
11	once	100	cien
12	doce	101	ciento uno(-a)
13	trece	200	doscientos(-as)
14	catorce	300	trescientos(-as)
15	quince	1 000	mil
16	dieciséis	1 001	mil uno(-a)
17	diecisiete	2 000	dos mil
18	dieciocho	3 000	tres mil
19	diecinueve		
20	veinte		
21	veintiuno(-a)		

Números ordinais
Números ordinales

1º	primero, primer
2º	segundo
3º	tercero, tercer
4º	cuarto
5º	quinto
6º	sexto
7º	séptimo
8º	octavo
9º	noveno
10º	décimo

Números fracionários
Números quebrados

1/2	(un) medio
1/3	un tercio
1/4	un cuarto
2/3	dos tercios
3/4	tres cuartos

cia da Espanha. Procure sempre obter informações precisas, pois em cada país esse feriado cai numa data diferente. Os feriados religiosos são os mesmos da Espanha.

1.1.	Ano Novo	Año Nuevo
6.1.	Santos Reis	Epifanía del Señor, los Reyes Magos, *AL:* los Reyes
	Sexta-feira da Paixão	el Viernes Santo
	Páscoa	Pascua (de Resurrección), *AL:* Semana Santa
1.5.	Dia do Trabalho	el Día del Trabajo
	Ascensão de Cristo	La Ascensión
	Espírito Santo	(Pascua de) Pentecostés
15.8.	Assunção de Nossa Senhora	La Asunción
12.10.	*Descoberta da América*	el Día de la Hispanidad, *AL:* el Día de la raza
1.11.	Todos os Santos	Todos los Santos
6.12.	Dia da Constituição *(Es)*	el Día de la Constitución
8.12.	Imaculada Conceição	el Día de la Inmaculada
25.12.	Natal	Navidad, *AL tb.:* la Pascua

Horas
La hora

Por favor, poderia dizer que horas são?
¿Podría decirme, por favor, qué hora es?

Sim, é uma hora. / São duas horas em ponto.
Sí, es la una. / Son las dos en punto.

É uma e dez. / São duas e dez.
Es la una y diez. / Son las dos y diez.

É uma e quinze. / São mais ou menos duas e quinze.
Es la una y cuarto. / Son aproximadamente las dos y cuarto.

É uma e meia. / São duas e meia.
Es la una y media. / Son las dos y media.

São quinze para as duas.
Son las dos menos cuarto.

A que horas?
¿A qué hora?

Às três horas.
A las tres.

Entre as cinco e as seis.
Entre las cinco y las seis.

Durante quanto tempo?
¿Durante cuánto tiempo?

Durante duas horas.
Durante dos horas.

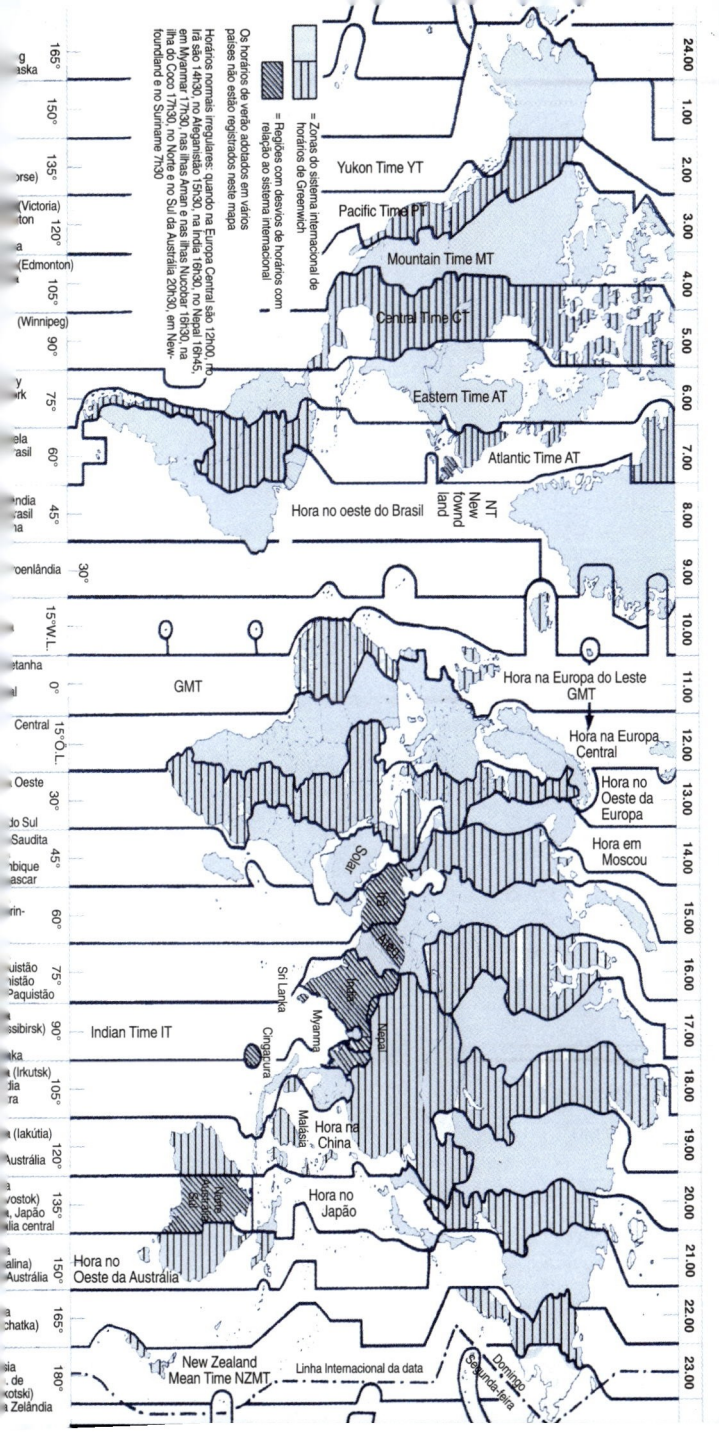

= Zonas do sistema internacional de horários de Greenwich

= Regiões com desvios de horários com relação ao sistema internacional

Os horários de verão adotados em vários países não estão registrados neste mapa

Horários normais irregulares: quando na Europa Central são 12h00, no Irã são 14h30, no Afeganistão 15h30, na Índia 16h30, no Nepal 16h45, em Myanmar 17h30, nas ilhas Aman e nas ilhas Nucoba 18h30, na ilha do Coco 17h30, no Norte e no Sul da Austrália 20h30, em New-foundland e no Suriname 7h30

Yukon Time YT
Pacific Time PT
Mountain Time MT
Central Time CT
Eastern Time AT
Atlantic Time AT
NT New fowndland
Hora no oeste do Brasil

GMT
Hora na Europa do Leste GMT
Hora na Europa Central
Hora no Oeste da Europa
Hora em Moscou

Indian Time IT
Sri Lanka
Cingapura
Malásia
Myanmar
Nepal
Hora na China
Hora no Japão
Hora no Oeste da Austrália

New Zealand Mean Time NZMT
Linha Internacional da data
Domingo
Segunda-feira

165° Alaska
150°
135° (orse)
120° (Victoria) ton
105° (Edmonton)
90° (Winnipeg)
75° y rk
60° ela asil
45° ndia asil
30° oenlândia
15°W.L.
0° stanha al
15°O.L. Central
30° Oeste
45° do Sul Saudita
60° bique ascar
75° uistão nistão Paquistão
90° ssibirsk
105° aka (Irkutsk) dia ra
120° (Iakútia) Austrália
135° vostok , Japão lia central
150° alina) Austrália
165° chatka)
180° sia . de kotski) Zelândia

24.00
1.00
2.00
3.00
4.00
5.00
6.00
7.00
8.00
9.00
10.00
11.00
12.00
13.00
14.00
15.00
16.00
17.00
18.00
19.00
20.00
21.00
22.00
23.00

Indicações gerais de tempo
Indicaciones de tiempo generales

agora	ahora
amanhã	mañana
anteontem	anteayer
ao meio-dia	al mediodía
de madrugada	de madrugada
depois de amanhã	pasado mañana
esta manhã / tarde	esta mañana / tarde
hoje	hoy
logo, imediatamente	enseguida
manhã	la mañana
meio-dia	mediodía
noite	la noche
ontem	ayer
pela manhã, de manhã	por la mañana
segunda-feira passada	el lunes pasado
semana que vem	la semana que viene
tarde	la tarde

Pesos e medidas
Pesos y medidas

centímetro	centímetro (cm)
grama	gramo (gr)
hectare	hectárea (ha)
litro	litro (lt)
metro	metro (m)
metro quadrado	metro cuadrado (m^2)
milímetro	milímetro (mm)
quilo / quilograma	kilo, kilogramo (kg)
quilômetro	kilómetro (km)

Cores
Colores

amarelo	amarillo
azul	azul
branco	blanco
cinza	gris
marrom	marrón
preto	negro
verde	verde
vermelho	rojo

Soletrar
Deletrear

A de Antonio	J de Juan	R de Ramón
B de Barcelona	K de Kenia	S de Soria
C de Carmen	L de Lisboa	T de Tarragona
D de Dolores	M de María	U de Uruguay
E de España	N de Navarra	V de Valencia
F de Francia	Ñ de Ñoño	W de Washington
G de Granada	O de Oviedo	X de xilófono
H de Huelva	P de París	Y de yema
I de Italia	Q de Quebec	Z de Zaragoza

Abreviações úteis
Abreviaturas útiles

Adm(on).	administración	administração
atte./	atentamente	atenciosamente
C/, Ca.	calle	rua
cía.	compañia	companhia, sociedade
CP	código postal	CEP / código de endereçamento postal
cta.	cuenta corriente	conta corrente
dto.	descuento	desconto
Hnos.	hermanos	irmãos
Nº	número	número
P.D., P.S.	postdata	pós-data, pós-escrito
p.ej.	por ejemplo	por exemplo
P.O., p/o	por orden	por ordem de
ptas., pts.	pesetas	pesetas (moeda)
pvp	precio venta público	preço de venda ao consumidor
$	pesos	pesos (moeda)
Sr.	señor	senhor
Sra.	señora	senhora
Srta.	señorita	senhorita
s.s., ss.ss	su seguro servidor, sus seguros servidores	seu devoto criado, seus devotos criados
V.ºB.º	visto bueno	visto e autorizado

Países e nacionalidades
Países y nacionalidades
▶▶ **1** *Nacionalidade e línguas*

Alemanha / alemão	Alemania / alemán (-ana)
Argentina / argentino	Argentina / argentino
Áustria / austríaco	Austria / austríaco
Bélgica / belga	Bélgica / belga
Bolívia / boliviano	Bolivia / boliviano
Brasil / brasileiro	Brasil / brasileño
Chile / chileno	Chile / chileno
China / chinês	China / chino
Colômbia / colombiano	Colombia / colombiano
Costa Rica / costarriquenho	Costa Rica / costarricense
Cuba / cubano	Cuba / cubano
Dinamarca / dinamarquês	Dinamarca / danés (-esa)
EUA / estadunidense	EE.UU. / estadounidense
El Salvador / salvadorenho	El Salvador / salvadoreño
Equador / equatoriano	Ecuador / ecuatoriano
Espanha / espanhol	España / español
Filipinas / filipino	Los Filipinos / filipino
Finlândia / finlandês	Finlandia / finlandés (-esa)
França / francês	Francia / francés (-esa)
Grã-Bretanha / britânico, inglês	Gran Bretaña / británico; inglés
Grécia / grego	Grecia / grego
Guatemala / guatemalteco	Guatemala / guatemalteco
Honduras / hondurenho	Honduras / hondureño
Irlanda / irlandês	Irlanda / irlandés (-esa)
Itália / italiano	Italia / italiano
Japão / japonês	Japón / japonés (-esa)
Luxemburgo / luxemburguês	Luxemburgo / luxemburgués (-esa)
Marrocos / marroquino	Marruecos / marroquí
México / mexicano	Méjico / mejicano
Nicarágua / nicaraguano	Nicaragua / nicaragüense
Países Baixos / neerlandês	Países Bajos / neerlandés (-esa)

Panamá / panamenho	Panamá / panameño
Paraguai / paraguaio	Paraguay / paraguayo
Peru / peruano	Perú / peruano
Porto Rico / porto-riquenho	Puerto Rico / puertorricano
Portugal / português	Portugal / portugués (-esa)
República Dominicana / dominicano	República Dominicana / dominicano
Rússia / russo	Rusia / ruso
Suécia / sueco	Suecia / sueco
Suíça / suíço	Suiza / suizo
Tunísia / tunisiano	Túnez / tunecino
Uruguai / uruguaio	Uruguay / uruguayo
Venezuela / venezuelano	Venezuela / venezolano

Telefonar

Discagem direta
Información telefónica

▶ ▶ ▶ *Espanha*

Para ligar para a Espanha, você deverá utilizar o procedimento próprio do país em que estiver. Seja como for, saiba que o código da Espanha é 34 e o da cidade de Madri é 1.

Para telefonar da Espanha para o exterior, disque primeiramente 07. Depois de ouvir o sinal de linha, disque o código do país com o qual irá falar, o código da cidade (sem o zero) e o número de telefone desejado.

Na Espanha, informações sobre telefones podem ser obtidas nos seguintes números:

003 informações regionais
008 informações sobre a Europa e Maghreb
005 outros países

Para fazer uma ligação a cobrar ligue para a central telefônica (009) e solicite o número de telefone desejado.

▶ ▶ ▶ *América Latina*

Em alguns países da América Latina existe o chamado "multicarriersysteme", ou seja, você pode ligar por meio de diferentes operadoras que oferecem esse tipo de serviço. Cada operadora tem um número próprio, que deve ser discado antes do código do país para o qual se deseja ligar. Para informar-se sobre as tarifas dos serviços de cada uma dessas operadoras, consulte os jornais diários ou telefone diretamente para elas.

A qualidade das ligações varia de um país para outro. Das capitais ou das grandes cidades latino-americanas geralmente é possível ligar sem problemas para outros países.

Por favor, aguarde um momento. Logo atenderemos sua chamada.
Le rogamos que espere un momento. En seguida atenderemos su llamada.

Por favor, poderia dar-me o número do telefone da empresa...?
¿Podría darme por favor el número de teléfono de la empresa ...?

Anote, por favor. O número solicitado é ... . Repetindo, ...
Tome nota, por favor. El número solicitado es el ... . Repito, ...

Gostaria de fazer uma ligação interurbana a cobrar.
Deseo una llamada a cobro revertido.

A telefônica informa que esse número de telefone não existe.
Telefónica le informa que actualmente no existe ninguna línea con esta numeración. (*AL*: Este número no tiene teléfono.)

Dizer o número de telefone
Decir el número de teléfono

▶▶▶ *Os números de telefone sempre são ditos algarismo por algarismo:*
Mi número de teléfono es el 3402301 (tres cuatro cero dos tres cero uno).

Atender o telefone
Contestar al teléfono

▶▶▶ *As centrais de telefone de empresas espanholas ou latino-americanas, de modo geral, atendem dizendo o nome da empresa:*
Relox, SA, buenos días.
APAC Consulting, buenos días, ¿en qué puedo ayudarle?

▶ *Dentro de uma empresa normalmente atende-se o telefone dizendo o nome da repartição ou o próprio nome:*
Ventas, dígame.
Pérez, dígame.

▶ *Atende-se da mesma maneira uma ligação direta para um setor de uma empresa:*
Relox, SA, Control de Calidad, buenos días.

▶ *Ligações particulares geralmente são atendidas com um simples ¿Sí?, ¿Dígame?, ¿Diga? ou, na América Latina, com um ¡Aló! ou ¡Olá!. Não interprete isto como indelicadeza: à pergunta ¿Con quién hablo? (Com quem falo?) você sempre obterá uma resposta.*

Ao atender um telefonema de um amigo ou conhecido costuma-se dizer o nome, e não o sobrenome.

Perguntar por alguém
Preguntar por alguien

Bom dia, meu nome é ... e sou da empresa ... . Gostaria de falar com o sr. / a sra. ...
Buenos días, mi nombre es ..., llamo de la empresa ... . Desearía hablar con el Sr./la Sra. ...

Quem fala, por favor?
¿De parte de quién, por favor?

Um momento, por favor.
Un momento, por favor.

Aguarde um momento, por favor.
No cuelgue, espere un momento, por favor.

Vou passar a ligação.
Le paso. (*AL:* ¡Comunico!)

É engano!
Le han pasado (*AL:* comunicado) mal.

Pode discar diretamente. O número do telefone é ...
Puede llamar directamente. El número es el ...

Desculpe-me, foi engano.
Disculpe, me he equivocado de número.

Ninguém responde.
No contestan.

Contatar alguém
Contactar con alguien

Pois não.
Yo mismo.

É o sr./a sra. ...?
¿El Sr./la Sra. ...?

Sim, com quem estou falando?
Sí, dígame. ¿Con quién hablo?

Em que posso ajudá-lo(-a)?
¿En qué puedo ayudarle?

Recebi o seu recado e estou ligando para ...
Recibí su mensaje y llamo por ...

Muito obrigado por retornar a ligação. Trata-se de ...
Gracias por llamar. Se trata de ...

Alguém está inacessível
Alguien no está localizable

Sinto muito, mas no momento ele/ela está numa reunião.
Lo siento, pero en este momento está reunido(-a).

Neste momento ele/ela está atendendo a uma outra ligação.
En este momento está hablando por la otra línea.

O senhor / a senhora deseja aguardar?
¿Desea esperar?

Muito obrigado(-a), eu volto a ligar.
Gracias, ya volveré a llamar.

Quando acha que poderei falar com ele/ela?
¿Cuándo cree que puedo hablar con él/ella?

Deixar um recado
Dejar un recado

Gostaria de deixar algum recado?
¿Desea dejar algún mensaje?

Poderia dar-lhe um recado?
¿Le importaría darle un recado?

Poderia pedir-lhe para me ligar quando chegar?
¿Podría decirle que me llame cuando llegue?

Poderia dizer-lhe que eu liguei?
¿Podría decirle que he llamado?

Mensagem gravada
Mensaje grabado

Neste momento não podemos atender sua ligação. Por favor, deixe seu nome e o número do seu telefone e ligaremos assim que possível. Por favor, fale após o sinal. Obrigado.
En estos momentos no podemos atender su llamada. Si lo desea puede dejar su nombre y su número de teléfono y le llamaremos en cuanto nos sea posible. Por favor, hable después de la señal. Gracias.

Deixar uma mensagem na secretária eletrônica
Dejar un mensaje en el contestador

Aqui fala ..., o número do meu telefone é ...
Soy ..., mi número de teléfono es el ...

O senhor / a senhora poderia ligar-me assim que for possível / a qualquer hora do dia?
¿Podría Ud. llamarme tan pronto como le sea posible / en cualquier momento del día?

É urgente. / Não é urgente.
Es urgente. / No es urgente.

Problemas na ligação
Dificultades en la comunicación

Sinto muito, mas não entendi seu nome.
Lo siento pero no he entendido su nombre.

Como é mesmo o seu nome?
¿Cómo ha dicho que se llama?

Poderia repetir, por favor?
¿Podría repetirlo, por favor?

A ligação está muito ruim. Poderia falar um pouco mais alto?
Hay problemas en la línea telefónica. ¿Podría hablar más alto?

Caiu a ligação.
Se ha cortado.

Encerrar uma conversa
Concluir una conversación

Muito obrigado pela sua ajuda.
Muchas gracias por su ayuda.

Lembranças a ...
Recuerdos a ...

Muito obrigado. Até logo!
Muchas gracias. Adiós.

atender	coger (*AL*: tomar)
cabine telefônica	cabina telefónica
cartão de telefone	tarjeta telefónica
celular	teléfono móvil, el celular
central de informações	centralita
central telefônica	la central telefónica
chamada a cobrar	llamada a cobro revertido
chamada de emergência	llamada de emergencia
chamada local	llamada local, llamada urbana
desligar	colgar
fone	el auricular
informação (telefônica)	la información (telefónica)
ligação	la comunicación
ligação com pré-aviso	la comunicación con preaviso
linha direta	número directo
lista telefônica	guía telefónica
páginas amarelas	las páginas amarillas
prefixo, código de acesso	prefijo
prefixo internacional (DDI)	prefijo internacional
prefixo regional (DDD)	prefijo provincial
pulso	paso (de contador)
secretária eletrônica	el contestador automático
sinal de linha	la señal para marcar
sinal de ocupado	la señal de ocupado
telefonar	llamar, hacer una llamada
telefonema	llamada
telefone público de cartão / de moedas	teléfono de tarjetas / de monedas
telefonista	el operador / la operadora

Preparativos de viagem

Como se vestir?
¿Cómo hay que vestirse?

▶▶▶ *Os espanhóis valorizam muito a boa aparência. Como regra poderia valer a dica "informal chique". Contudo, em caso de dúvida ou em reuniões nas altas esferas, opte sempre por um terno de cores clássicas e discretas, que são sempre as mais aconselhadas.*

Os latino-americanos são formais e conservadores no vestir. Em conversações comercias, um terno ou um conjunto com paletó e gravata é indispensável. Nas mulheres valoriza-se muito a aparência bem-cuidada. Roupas muito modernas não causam, necessariamente, uma boa impressão.

As roupas informais sem gravata são usadas apenas nos encontros das horas livres. São exceções os países da América Central e o Caribe, onde, devido ao clima, usam-se roupas mais leves e bem menos formais.

Marcar um encontro
Concertar una cita
▶▶ **2** *Datas e horas,* **3** *Telefonar*

Gostaríamos de visitá-los(las) em breve.
Nos gustaría hacerles próximamente una visita.

Há algum motivo especial?
¿Hay algún motivo en especial?

Não, só gostaríamos de reencontrá-lo pessoalmente.
No, sólo queremos volver a encontrarnos otra vez personalmente.

Na verdade, não. Mas poderíamos aproveitar a ocasião para discutir alguns problemas.
De hecho, no. Pero podríamos aprovechar la ocasión para hablar de algunos problemas.

Quando seria mais conveniente para o(s) senhor(es) / a(s) senhora(s)?
¿Cuándo le(s) iría mejor?

O que acha(m) da próxima quinta-feira?
¿Qué le(s) parecería el próximo jueves?

Infelizmente, não é possível.
Desgraciadamente, no puede ser.

Sim, sem problema.
Sí, no hay problema.

E a que horas?
¿Y a qué hora?

Que tal às ... horas?
¿Qué tal a las ...?

──•─• ▶ *Em algumas empresas espanholas, durante os meses quentes do verão há as assim chamadas* jornadas intensivas. *Nesse período, o horário de funcionamento das empresas e do comércio é alterado e trabalha-se das 7h até por volta das 15h, sem intervalo. Por precaução, informe-se sobre essas jornadas ao marcar uma reunião.*

O(s) senhor(es) / a(s) senhora(s) trabalha(m) no período da tarde?
¿Trabaja(n) Ud(s). por la tarde?

Quanto tempo pretende(m) ficar?
¿Cuánto tiempo quiere(n) quedarse?

Então nos veremos no dia ... . Até lá!
Entonces nos vemos el ... ¡Hasta entonces!

Adiar um encontro
Aplazar una cita

Sinto muito, mas não posso ir no dia ...
Lo siento, pero no puedo venir el ...

Poderíamos marcar uma outra data?
¿Podríamos acordar otra fecha?

Que tal dia 15 de junho? É uma segunda-feira.
¿Le(s) va bien (*AL:* Le(s) parece) el 15 de junio? Es un lunes.

Vou averiguar e logo entrarei em contato com o(s) senhor(es) / a(s) senhora(s).
Lo consulto y enseguida le(s) doy una respuesta.

Sinto muito, mas já tenho outro compromisso para esse dia.
Lo siento, pero en esa fecha tengo otra cita concertada.

Portanto, fica marcado para o dia 1º de outubro.
Así pues, la fecha queda fijada para el primero / 1º de octubre.

Confirmar uma visita
Confirmar una visita

Estou ligando para confirmar a nossa visita do dia ...
Llamo para confirmar nuestra visita del (día) ...

Onde podemos nos encontrar?
¿Dónde nos podemos encontrar?

Nosso vôo chega em Barcelona às ...
Nuestro vuelo llega a las ... a Barcelona.

Iremos buscá-lo(-a)(s) no aeroporto.
Le(s) iremos a recoger al aeropuerto.

Alguém estará segurando um cartaz com o seu nome.
Alguien llevará un cartel con su nombre.

Podemos nos encontrar na nossa empresa.
Nos podemos encontrar en nuestra empresa.

Como se faz para ir do aeroporto até sua empresa?
¿Cómo vamos del aeropuerto a su empresa?

O(s) senhor(es) / a(s) senhora(s) conhece(m) bem esta região/área?
¿Conoce(n) esta zona?

Eu lhe(s) enviarei um mapa da cidade.
Le(s) envío un plano.

É melhor pegar(em) um táxi.
Lo mejor es que coja(n) (*AL*: tome(n)) un taxi.

Quando o(s) senhor(es) / a(s) senhora(s) chegar(em) à empresa alguém lhe(s) indicará o caminho.
Cuando llegue(n) a la empresa ya le(s) indicarán el camino.

Poderia(m), por gentileza, reservar-nos um quarto de hotel?
¿Serían tan amables de reservarnos habitación?

Já reservamos um quarto para o senhor / a senhora no hotel ...
Ya le hemos reservado una habitación en el hotel ...

O sr./ a sra. ... irá buscá-lo(-a)(s) no hotel às 8h30.
El Sr./Sra. ... le(s) recogerá en el hotel a las 8.30.

Reserva de quarto ▶▶ 6 *Hospedagem*
Reserva de habitación

Gostaria de reservar um quarto para duas noites.
Quisiera reservar una habitación para dos noches.

Para que dias?
¿Para qué fechas?

Para 15 e 16 de junho.
Para las noches del 15 y 16 de junio.

Quarto individual ou duplo? Com chuveiro ou banheiro completo?
¿Habitación individual o doble?, ¿con ducha o baño completo?

Pernoite com café da manhã / meia pensão / pensão completa?
¿En régimen de habitación y desayuno / media pensión / pensión completa?

▶●●▶ *Justamente os bons hotéis, muitas vezes, estão localizados em ruas muito movimentadas. Se desejar manter-se protegido do ruído das ruas, solicite um quarto tranqüilo voltado para o pátio interno.*

em lugar tranqüilo / voltado para o pátio interno / com janela
en una zona tranquila / que dé al patio (de luces) / con ventana al exterior

Qual é o preço do pernoite?
¿Cuál es el precio por noche?

Esse preço inclui o café da manhã?
¿Incluye el desayuno?

Até que horas vocês mantêm a reserva? É que vou chegar tarde.
¿Hasta qué hora me guardan la habitación? Es que llegaré tarde.

Não se preocupe. A recepção permanece aberta durante toda a noite.
No se preocupe, la recepción está abierta toda la noche.

Sinto muito, mas preciso alterar / cancelar minha reserva.
Lo siento, pero tengo que cambiar / anular mi reserva.

Chegarei um dia antes / depois.
Llegaré un día más pronto / más tarde.

Poderia(m) confirmar a reserva por fax?
¿Podría(n) confirmar la reserva por fax?

A caminho

Avião
Avión

Reserva de passagem aérea
Reservar un vuelo

Gostaria de fazer uma reserva no vôo para ...
Quisiera reservar plaza en un vuelo a ...

Para quando?
¿Para cuándo?

Para o dia 15 de junho.
Para el 15 de junio.

Somente uma passagem para o senhor / a senhora?
¿Para usted solo(-a)?

Só ida ou ida e volta?
¿Sólo ida o ida y vuelta?

Para que dia deseja o vôo de volta?
¿Para cuándo quiere el vuelo de regreso?

Primeira classe ou classe turística?
¿Clase preferente o clase turista?

Poderia imprimir para mim os horários de saída e chegada?
¿Podría imprimirme las horas de salida y llegada?

Essa é a hora local?
¿Es hora local?

Eu gostaria de cancelar minha passagem.
Desearía anular mi billete de avión.

Desejo alterar a data da minha passagem aérea.
Desearía efectuar una modificación en mi billete de avión.

No aeroporto
En el aeropuerto

Por favor, qual é o terminal das saídas internacionais?
Por favor, ¿en qué terminal están las salidas internacionales?

Por gentileza, onde fica o balcão de embarque da ...?
Perdone, ¿podría decirme donde está el mostrador de facturación de ...?

Onde é o banheiro / o terminal A / a saída dos passageiros?
¿Dónde está el lavabo / la terminal A / el punto de encuentro?

O vôo para ... está atrasado?
¿Lleva retraso el vuelo a ... ?

Está com quanto tempo de atraso?
¿Cuánto retraso lleva?

Check-in
Facturar el equipaje

Sua passagem, por favor.
Su billete, por favor.

Seu passaporte / sua carteira de identidade, por favor.
Su pasaporte / carné de identidad, por favor.

Fumante ou não-fumante?
¿Fumador o no fumador?

Janela ou corredor?
¿Ventana o pasillo?

Um assento na frente / no fundo?
¿Un asiento delantero / trasero?

Poderia nos dar dois assentos juntos?
¿Nos da dos asientos juntos?

Quantos volumes o sr. / a sra. deseja despachar?
¿Cuántas maletas quiere facturar?

Por favor, coloque sua bagagem na esteira.
Por favor, coloque su equipaje en la cinta transportadora.

Posso levar isto como bagagem de mão?
¿Podría facturar esto como equipaje de mano?

excesso de peso / taxa por excesso de peso
exceso de peso / tasa por exceso de peso

Aqui está o seu cartão de embarque. Embarque às 17h45, portão 41, terminal A.
Aquí tiene su tarjeta de embarque. Embarque a las 17.45, puerta 41 en la terminal A.

Avisos pelo alto-falante
Avisos por el altavoz

Aviso de segurança: vigie a sua bagagem.
Aviso de seguridad: no deje su equipaje sin vigilancia.

Passageiros do vôo 4715 com destino a Madri, por favor, queiram dirigir-se ao portão de embarque 41.
Pasajeros del vuelo 4715 con destino Madrid, diríjanse por favor a la puerta número 41.

Sr. Ferreira, favor dirigir-se imediatamente ao balcão de informações número 14.
Se ruega al señor Ferreres se dirija inmediatamente al mostrador de información número 14.

A bordo
A bordo

Por favor, poderia trazer-me algumas revistas / um jornal espanhol / um copo de vinho?
Por favor, ¿podría traerme unas revistas / un periódico español / una copa de vino?

O senhor / a senhora se importaria de trocar de lugar comigo?
¿Le importa que cambiemos los asientos?

Chegada, problemas
Llegada, problemas

Onde posso retirar a bagagem do vôo proveniente de ... ?
¿Dónde se puede recoger el equipaje del vuelo de ...?

A minha bagagem não chegou.
Mi equipaje no ha llegado.

Abriram as minhas malas.
Me han abierto las maletas.

Meu avião chegou com atraso e perdi o vôo de conexão.
El avión ha llegado con retraso y he perdido el vuelo de conexión.

Quando sai o próximo vôo para ...?
¿Cuando sale el próximo vuelo a ...?

Perdi a minha passagem aérea.
He perdido mi billete de avión.

a declarar	a declarar
alfândega	aduana
aterrissado	aterrizado
aterrissar	aterrizar
atraso	retraso
bagageiro	el portaequipajes
balcão	el mostrador
cancelado	cancelado
carrinho de bagagem	carro de equipajes
carro de aluguel	el coche de alquiler
chegada	llegada
hora prevista de chegada	hora prevista de llegada
comissário de bordo	el/la auxiliar de vuelo
controle de passaportes	el control de pasaportes
controle de segurança	el control de seguridad
declaração alfandegária	la declaración de aduana
decolagem	salida
desviado para	desviado a
duty-free	el duty-free
estimado / -a (hora)	estimado / -a
isento de taxas	libre de impuestos

lista de espera	lista de espera
overbooking	el overbooking
pessoal de terra	el personal de tierra
pista de aterrissagem	pista de aterrizaje
ponto de encontro	punto de encuentro
reserva de hotéis	reserva de hoteles
retirada de bagagem	retirada de equipaje
saída	salida
sala VIP	sala de VIPs
taxa de aeroporto	tasa de aeropuerto
taxa de segurança	tasa de seguridad
terminal	la terminal
terminal de embarque	la terminal de salidas
vôo de conexão	vuelo de conexión
vôo internacional / nacional	vuelo internacional / nacional

Alfândega
Aduana

Qual é o motivo da sua viagem para ...?
¿Cuál es el motivo de su viaje a ...?

Quanto tempo pretende permanecer?
¿Cuánto tiempo piensa quedarse?

Mostre-me sua reserva de hotel, por favor.
Enséñeme, por favor, su reserva de hotel.

O senhor / a senhora tem algo para declarar?
¿Tiene Ud. algo que declarar?

Abra a mala, por favor.
Abra la maleta, por favor.

→●●→ *Para os países latino-americanos não leve produtos agrícolas típicos sem embalagem apropriada ou não conservados (frutas, plantas, sementes de plantas, etc.). Normalmente, o controle desses produtos é muito severo.*

Trem e ônibus interurbanos
Ferrocarril y buses interurbanos

→●●→ *O trem espanhol mais rápido é o "AVE", que transita entre Madri e Sevilha.*
Antes de embarcar num trem suburbano, carimbe sua passagem em uma pequena máquina automática vermelha.

Na América Latina viaja-se, de preferência, de carro ou de ônibus, pois em geral os trens são muito lentos e pouco cômodos.

A qualidade dos ônibus de longa distância varia de um país para outro. Nos países do Cone Sul (Argentina, Chile, Paraguai e Uruguai) eles são um meio de locomoção rápido e confortável.
As linhas aéreas latino-americanas vinculadas a linhas internacionais oferecem, de resto, vôos internos bastante acessíveis.

Por favor, uma passagem de ida de primeira / de segunda classe para ...
Desearía un billete de ida en primera / segunda (clase) a ...

Uma passagem de ida e volta para o dia três de outubro com o "IC" para ..., por favor.
Un billete de ida y vuelta para el día tres de octubre en el "IC" a ..., por favor.

A que horas o trem / o ônibus chega a ...?
¿A qué hora llega el tren / el autobús a ...?

De qual plataforma parte o trem / o ônibus para ...?
¿De qué andén sale el tren / el autobús para ...?

Desculpe-me, mas esse lugar é meu. Eu fiz uma reserva.
Disculpe, pero este es mi asiento. Tengo una reserva.

As passagens, por favor.
Billetes, por favor.

acréscimo	suplemento
atraso	retraso
carregador	mozo de equipajes
carrinho de bagagem	carrito portaequipajes
depósito de bagagem	consigna (AL: custodia de equipaje)
destino	destino
estação de ônibus / terminal de ônibus	la estación de buses / la terminal de buses
estação de trem	la estación de ferrocarril
guichê de venda de passagens	ventanilla de venta de billetes (AL: boletos)
horário de partida / chegada	hora de salida / llegada
passagem	el billete (AL tb.: boleto)
plataforma	el andén (AL tb.: la vía)
poltrona-leito	litera
pontualmente	puntual
(tráfego de) curta distância	(tráfico de) cercanías
(tráfego de) longa distância	(tráfico de) largo recorrido
trem inter-regional	el Delta
trem interurbano	el IC
trem interurbano expresso	el AVE
vagão-dormitório	el coche-cama (AL tb.: el coche dormitorio)

Táxi
Taxi

→•• ▶ *Táxis podem ser pedidos por telefone e também podem ser parados na rua por meio de um aceno de mão. Para evitar surpresas desagradáveis, antes de entrar no táxi informe-se com o motorista sobre o preço da corrida.*
Na América Latina, aconselha-se chamar um táxi através do hotel. Peça um radiotáxi, pois estes têm taxímetro e cobram preços normais. Caso contrário, corre-se o risco de pagar um preço abusivo, sobretudo ao se tomar um táxi na frente dos grandes hotéis internacionais.

Dar gorjeta é comum em todos os países. ▶▶ **7** *Gorjeta*

Desculpe-me, onde há um ponto de táxi por aqui?
Perdone, ¿dónde hay una parada de taxis?

Está livre?
¿Está libre?

Quanto custa a corrida até ...?
¿Cuánto cuesta hasta ...?

Ao hotel ... . / À rua... .
Al Hotel .... / A la calle ... .

Estou com pressa.
Tengo prisa.

→•• ▶ *Considerando-se que nas grandes cidades é preciso contar sempre com a possibilidade de congestionamentos, caso disponha de pouco tempo será mais prudente utilizar o metrô.*

Poderia mostrar um pouco a cidade durante a corrida?
¿Podría enseñarme un poco la ciudad mientras me lleva a mi destino?

Pare aqui, por favor.
Pare aquí, por favor.

Poderia esperar um momento aqui, por favor? Eu já volto.
Puede esperar un momento, vuelvo enseguida.

Por gentileza, poderia fazer um recibo?
¿Sería tan amable de hacerme un recibo?

Carros de aluguel
Coches de alquiler

→•• ▶ *Em quase todos os aeroportos encontram-se as conhecidas empresas internacionais de aluguel de carros. No entanto, em quase todos os países da América Latina os carros de aluguel são muito caros.*

Eu gostaria de alugar um carro por três dias.
Quisiera alquilar un coche para tres días.

Qual é a tarifa por dia?
¿Cuánto cuesta la tarifa diaria?

E quanto custa o quilômetro rodado?
Y ¿cuánto vale el kilómetro?

O carro tem seguro total?
¿Está asegurado a todo riesgo?

No trânsito
En el tráfico

▶▶▶ *A organização do trânsito em toda a América Latina é a mesma, mas as suas condições das ruas e das estradas variam muito de um país para outro. Sobretudo, é preciso cuidado ao dirigir, pois a sinalização das rodovias nem sempre é das melhores.*

Tanto na Espanha como na América Latina há cobrança de pedágio nas estradas. Portanto, convém se prevenir mantendo dinheiro trocado à mão.

acidente	el accidente
área de descanso	área de servicio
auto-estrada	autopista (*AL:* carretera)
centro da cidade	centro (de la) ciudad
congestionamento	atasco, la retención (*AL tb.:* el taco)
cruzamento	el cruce
curva	curva
desvio	la desviación, desvío
esquina	esquina
gasolina	gasolina
gasolina comum	la normal
gasolina especial	la súper
com chumbo	con plomo
sem chumbo	sin plomo
diesel	el diesel
hora de pico	hora punta
local de estacionamento	aparcamiento, estacionamiento
obras no meio-fio	las obras en la calzada
oficina mecânica	taller de reparación (de automóvilles)
passagem subterrânea	paso subterráneo
pista	el carril
pista de conversão	el carril de giro
placa de trânsito	la señal de tráfico
ponte	el puente
pôr gasolina	poner gasolina
encher o tanque	llenar el depósito
posto de gasolina	gasolinera (*AL:* bomba de bencina)
prédio de estacionamento	aparcamiento, el parking
rotatória	rotonda
rua	la calle

rua de mão única	la calle de dirección única
rua sem saída	el callejón sin salida
saída	salida
manter a saída livre	dejar libre la salida
semáforo	semáforo
tarifa de estacionamento	tarifa de aparcamiento
tíquete de estacionamento	el tiquet de aparcamiento
tráfego, trânsito	tráfico, tránsito
virar	torcer
virar / à esquerda / à direita	torcer / doblar a la izquierda / derecha
zona de pedestres	zona peatonal

Ônibus e metrô

Autobús y metro

→••→ *Na Espanha, os tíquetes de ônibus e de metrô podem ser comprados em caixas automáticos, em postos de venda ou nos próprios ônibus, diretamente com o motorista.*

Os meios de transporte públicos na América Latina diferem de um país para outro. Em quase todas as capitais existem metrôs, além de ônibus circulares (interbairros). Muitas vezes, os ônibus param não só nos pontos marcados mas também em qualquer outro lugar, atendendo ao sinal de qualquer pessoa.

Um conselho: cuidado com a carteira, a bolsa ou outros objetos de valor. Os meios de transporte público, em especial nas grandes cidades, exercem uma atração mágica sobre os batedores de carteira.

Qual o trajeto para ...?
¿Cómo puedo ir a ...?

Por favor, onde fica o(a) próximo(-a) ponto de ônibus / estação de metrô?
¿Dónde está la próxima parada de autobús / estación de metro, por favor?

Qual ônibus / qual linha de metrô devo tomar para ir a ...?
¿Qué autobús / Qué línea de metro hay que coger para ir a ...?

Que direção devo tomar?
¿Qué dirección tengo que tomar?

Quantos pontos / paradas são até ...?
¿Cuántas paradas hay hasta ...?

Em que ponto tenho de descer / trocar de ônibus?
¿En qué parada tengo que bajar / cambiar?

Uma passagem para ..., por favor.
Un billete a ..., por favor.

Hospedagem

→••→ *Na Espanha, via de regra, pode-se reconhecer a qualidade de um hotel pelo número de estrelas. Hotéis com menos de três estrelas são pouco recomendáveis. Nas grandes cidades, a oferta de hotéis com quatro ou cinco estrelas é grande. Aos hotéis de primeira categoria também pertencem os Paradores Nacionales, quase sempre instalados em edifícios históricos muito interessantes. Outras possibilidades de pernoite são oferecidas pelas pensões, pelas fondas (um pouco mais baratas que as pensões) e os hostales (hospedarias).*

Na América Latina os hotéis nem sempre correspondem ao padrão europeu, com exceção daqueles pertencentes às grandes cadeias internacionais. O número de estrelas, porém, dá uma indicação sobre a qualidade.

Na recepção ▶▶ 4 *Preparativos de viagem*

En la recepción

O senhor / a senhora tem um quarto?
¿Tiene habitaciones?

Fiz uma reserva para duas noites. Meu nome é ...
He hecho una reserva para dos noches. Me llamo ...

Quarto 328, terceiro andar.
Habitación 328, tercer piso.

Poderia preencher a ficha, por favor?
¿Podría rellenar el formulario, por favor?

Poderia mostrar seu passaporte / sua carteira de identidade?
¿Podría enseñarme su pasaporte / carné de identidad?

O café da manhã é servido das 7h às 9h30 no refeitório.
El desayuno se sirve de las 7 a las 9 y media en el comedor.

Por favor, mandem levar minha bagagem até meu quarto.
Por favor, encárguense de subir mi equipaje a la habitación.

Eu gostaria de permanecer por mais uma noite.
Quisiera quedarme una noche más.

Então teremos de lhe dar outro quarto.
Entonces tendremos que darle otra habitación.

Infelizmente, estamos lotados.
Lo siento, pero está todo ocupado.

Poderia me indicar outro hotel aqui perto?
¿Podría recomendarme otro hotel por aquí cerca?

Perguntas e pedidos
Preguntas y requerimientos

Poderia acordar-me amanhã às 8 horas?
¿Podría despertarme mañana a las 8?

Qual a voltagem aqui, 220 ou 125 volts?
¿Qué voltaje tiene la corriente eléctrica aquí, 220 o 125 voltios?

Poderia me trazer mais uma toalha?
¿Podría traerme otra toalla?

Poderiam passar meu terno / lavar algumas camisas?
¿Podrían plancharme el traje / lavarme unas camisas?

Poderiam chamar um táxi?
¿Podrían pedirme un taxi?

Há algum recado para mim?
¿Hay algún mensaje para mí?

Preciso discar o zero para fazer uma ligação externa?
¿Tengo que marcar el cero para hacer una llamada externa?

Qual é o número de fax do hotel?
¿Qué número de fax tiene el hotel?

Se chegar um fax em meu nome, poderiam me avisar com urgência?
¿Podrían avisarme urgentemente si llega algún fax a mi nombre?

Por gentileza, poderia me dar o número do quarto do sr. ...?
¿Tendría la amabilidad de darme el número de habitación del Sr. ...?

Estou aguardando a sra .... . Por favor, diga-lhe que estou no bar.
Estoy esperando a la Sra. .... . Por favor, dígale que estoy en el bar.

Problemas
Problemas

Perdi a chave do meu quarto.
He perdido la llave de mi habitación.

Poderiam me dar outro quarto? Este é muito barulhento.
¿Podrían darme otra habitación? Esta es muy ruidosa.

O quarto não foi limpo.
No han limpiado la habitación.

Não tem água quente.
No sale agua caliente.

A calefação / O ar-condicionado / A lâmpada não funciona.
La calefacción / El aire acondicionado / La bombilla no funciona.

Não há cabides no armário.
En el armario no hay perchas.

Gostaria de falar com o gerente.
Quisiera hablar con el director.

Partida
Partida

Vou embora hoje à tarde.
Me voy esta tarde.

A que horas preciso desocupar o quarto?
¿A qué hora tengo que dejar libre la habitación?

Prepare a conta, por favor.
Por favor, prepáreme la cuenta.

A conta do telefone separada, por favor.
La cuenta del teléfono por separado, por favor.

Tomou alguma coisa do frigobar?
¿Ha tomado algo del minibar?

Como deseja pagar?
¿Cómo desea pagar?

Em dinheiro. / Com cartão de crédito.
Al contado. / Con tarjeta de crédito.

Vocês aceitam dólares / cheques de viagem?
¿Aceptan Uds. dolares / cheques de viaje?

Eu poderia deixar a minha bagagem aqui por algumas horas?
¿Podría dejar mi equipaje aquí durante unas horas?

abajur	lámpara
adaptador	el adaptador
água	(el) agua
água fria	(el) agua fría
água quente	(el) agua caliente
aquecimento	la calefacción
ar-condicionado	el aire acondicionado
auditório	sala de conferencias
banheiro	cuarto de baño
bidê	el bidé
cabide	percha
café da manhã	desayuno
bufê do café da manhã	el buffet-desayuno
sala de café da manhã	el comedor para desayunar
chave	la llave
chuveiro	ducha
cinzeiro	cenicero
cobertor	manta
cofre	caja fuerte
colcha	manta (*AL:* frazada, colcha)

corrente elétrica	la corriente eléctrica
dia de chegada / partida	el día de llegada / partida
elevador	el ascensor
estacionamento	aparcamiento (*AL tb.:* estacionamiento)
ferro de passar roupa / passar roupa	plancha / planchar
frigobar	el minibar
interruptor	el interruptor
lençóis	las sábanas
limpar	limpiar
plugue	clavija
rádio	la radio
rádio-relógio	el radiodespertador
recepção	la recepción
registro	la recepción
reserva	reserva
sala de ginástica	gimnasio
secador de cabelos	el secador
serviço de limpeza, tinturaria	servicio de limpieza, tintorería
televisão	el televisor
tomada	el enchufe
travesseiro	almohada
vídeo (aparelho de)	(aparato de) vídeo

Gastronomia

Restaurantes
Restaurantes

Espanha
Para as refeições em geral vai-se a um restaurante. À beira-mar pode-se ir a um típico chiringuito, onde se pode pedir, sobretudo, pratos à base de peixe.
O correspondente aos nossos barzinhos é, na Espanha, el bar, onde podem ser saboreadas as conhecidas tapas (pequenas porções). Pode-se também comer nas cafeterías, cervecerías ou granjas, sendo que estas últimas são procuradas, em geral, para o café da manhã.

Os homens de negócios geralmente freqüentam os restaurantes, onde o mundo dos negócios é temporariamente "deixado de lado" e as conversas giram em torno de temas universais.

América Latina
Em muitos países da América Latina os termos de uma transação comercial são definidos durante um almoço. O seu parceiro comercial irá convidá-lo para almoçar e, num ambiente agradável, os temas serão discutidos para depois serem oficialmente definidos ou confirmados no escritório. Seja como for, é recomendável aceitar um convite para almoço mesmo que, após as conversas no escritório, você tenha a impressão de que nenhum negócio será realizado.

Para um almoço de negócios, em geral, escolhe-se um restaurante mais sofisticado por oferecer aos parceiros comerciais um mínimo de "privacidade", para que possam conversar sem serem interrompidos.

Ir comer ▸▸ 15 *Sair para jantar*
Ir a comer

Poderíamos fazer um intervalo para comer.
Podríamos hacer un descanso e ir a comer.

Perfeito. Estou começando a ficar com fome.
Estupendo, me está entrando hambre (*AL:* ya tengo hambre).

Vamos primeiro terminar isto e depois podemos ir.
Terminemos primero esto y luego vamos.

O que preferem: comida espanhola, italiana, chinesa ...?
¿Qué le(s) apetece comer: comida española, italiana, china ...?

O(s) senhor(es) / a(s) senhora(s) é(são) vegetariano(-a)(s)?
¿Es Ud(s). vegetariano(-a)(s)?

Reservar uma mesa
Pedir mesa

▶●●▶ *Em restaurantes mais sofisticados é necessário fazer reserva de mesa.*

Gostaria de reservar uma mesa para quatro pessoas para hoje à noite.
Quería hacer una reserva para cuatro personas para esta noche.

Boa tarde, fiz uma reserva para as oito horas, para quatro pessoas, em nome de García.
Buenos días, he hecho una reserva para las ocho, para cuatro personas a nombre de García.

▶ *Se a reserva não foi feita, o próprio anfitrião, num lugar mais simples (um bar, por exemplo), escolhe uma mesa. No restaurante, em geral ele espera o garçom para acompanhá-lo até a mesa.*

Boa noite, vocês ainda têm uma mesa livre? Somos quatro pessoas.
Buenas noches, ¿tienen una mesa libre? Somos cuatro.

▶ *Na Espanha em geral não se senta a uma mesa com desconhecidos, mesmo que não haja outros lugares vagos.*

Fazer o pedido
Pedir la comida

▶●●▶ *Na Espanha, um menu completo abrange, geralmente, três etapas: a entrada – primer plato (sopa, legumes, verdura, massas) –, o prato principal – segundo plato (carne, peixe) – e a sobremesa – postres.*
Quase todos os restaurantes oferecem no almoço pratos do dia com preços bastante acessíveis. O pão, as bebidas (água ou vinho) e às vezes também o cafezinho estão incluídos no preço.

Na América Latina, os hábitos alimentares e a culinária variam muito de um país para outro. Tal como na Espanha, muitas vezes oferece-se uma entrada, um prato principal e uma sobremesa. Servir um cafezinho após as refeições é comum em todos os restaurantes.

Garçom, o cardápio, por favor.
Camarero, la carta, por favor.

O(s) senhor(es) / a(s) senhora(s) já escolheu(escolheram)?
¿Ya se ha(n) decidido el señor/la señora (los señores)?

Deseja(m) alguma coisa para beliscar?
¿Algo para picar?

Vocês têm o cardápio do dia?
¿Tienen menú del día?

Vocês têm comida vegetariana / comida dietética?
¿Tienen comida vegetariana / de régimen?

Poderia recomendar alguma coisa?
¿Me puede recomendar algo?

Temos mexilhões fresquíssimos.
Tenemos unos mejillones fresquísimos.

Como entrada quero uma sopa de peixe, depois um bife.
De primer plato tomaré una sopa de pescado y luego un bistec.

Como deseja(m) o bife?
¿Cómo quiere(n) el bistec?

malpassado / ao ponto / bem passado.
poco hecho / normal / bien pasado.

E de sobremesa?
¿Y de postre?

O que o(s) senhor(es) / a(s) senhora(s) deseja(m) beber?
¿Qué beberá(n) el señor / la señora (los señores)?

Vocês têm uma carta de vinhos?
¿Tienen carta de vinos?

Vou tomar um vinho tinto.
Yo tomaré vino tinto.

Um copo (de cerveja), por favor.
Póngame una caña, por favor.

→ *Caña significa simplesmente "copo".*
Na América Central e no Caribe ao pedir una caña obtém-se um copo de rum; no Chile, um copo de vinho. O melhor é sempre dizer claramente o que se deseja. Por exemplo: Tráigame un vaso / una caña de cerveza, por favor.

Algumas especialidades regionais
Algunas especialidades regionales

Andaluzia:	gazpacho andaluz (sopa cremosa fria de legumes crus)
Castela do Norte:	cordero al horno (cordeiro assado no forno)
	olla podrida (cozido de carne, grão-de-bico toucinho e legumes)
Catalunha:	fabes a la catalana (feijão com hortelã, lingüiça de páprica e vinho)
	crema catalana (sobremesa de creme com crosta de açúcar)
Galiza:	pescados, mariscos, ostras (peixe, frutos do mar, ostras)
Ilhas Baleares:	caldereta de pescado (caldeirada de peixe)
País Basco:	bacalao a la vasca (bacalhau com molho vermelho)
	besugo al horno (peixe (dourado) ao forno)
Valência:	paella valenciana (arroz com frango, feijão e frutos do mar)

Cozinha latino-americana
La cocina latinoamericana

▸•▸ A cozinha latino-americana é farta e variada. Cada país, cada região tem suas especialidades e guloseimas próprias. A seguir, uma pequena seleção de cada um desses países.

Argentina:	asado (carne de vaca na grelha)
Chile:	carnes (prato de carnes variadas)
	pescados del Pacífico (peixe e frutos do mar do Pacífico)
Equador:	camarones (camarões)
Colômbia:	carne de vacuno (carne de vaca)
Cuba:	arroz "Gallo Pinto" (arroz com carne e legumes)
México*:	A cozinha mexicana é excelente e muito diversificada.
Nicarágua:	platos de arroz con carne (arroz com carne)
Paraguai:	asado (carne de vaca na grelha)
Peru:	pescados (prato de peixes)
	ceviche (peixe cru).
Uruguai:	asado de vacuno (carne de vaca na grelha)
Venezuela:	asado de vacuno (carne de vaca na grelha)

▸ No Peru e no México utiliza-se muita pimenta no preparo dos alimentos. Há inúmeras espécies de pimenta com as quais se temperam os pratos típicos.

Modos de preparo
Tipos de preparación

assado	asado
assado na brasa (churrasco)	asado a la parrilla
(assado) no forno	(hecho) al horno
cozido	hervido, guisado
cozido no fogo lento, estufado	estofado, cocido a fuego lento
cozido no vapor	cocinado al vapor
cru	crudo
grelhado	a la brasa

La carta

Desayuno

café
  (café) americano
  café con leche
  (café) cortado
  (café) descafeinado
  café solo
chocolate caliente
leche
té
  con leche
  con limón
zumo de naranja
pan
  pan integral
panecillo
tostada
mantequilla
mermelada
miel
embutido
jamón
queso
huevo
  huevo pasado por agua
  huevos revueltos
  huevos fritos con bacon/ tocino
yogur

Entrantes

aceitunas
ensalada variada
ensalada verde
entremeses variados
jamón serrano
paella
pasta
sopa
tortilla española

Cardápio

Café da manhã

café
  café (grande) no copo
  café com leite
  expresso com pouco leite
  café descafeinado
  café puro
chocolate quente
leite
chá
  com leite
  com limão
suco de laranja
pão
  pão integral
pãozinho
torrada
manteiga
geléia
mel
embutido
presunto
queijo
ovo
  ovo quente
  ovos mexidos
  ovos fritos com bacon / toucinho
iogurte

Entradas

azeitonas
salada mista
salada verde
antepasto variado
presunto cru
paelha
massas
sopa
omelete de batatas

Carnes y aves
Carnes e aves

•••▶ *Em quase todos os países do continente latino-americano existe carne da melhor qualidade. Merece destaque especial a carne de vaca da Argentina, do Paraguai e do Uruguai.*

asado	carne assada
bistec	bife
cabrito	cabrito
cerdo	porco
conejo	coelho
cordero	cordeiro
escalope	escalope
filete	filé
parrillada de carne	carne grelhada (churrasco)
ternera	vitela
vaca, vacuno	vaca, bovino
codorniz	codorna
pato	pato
pavo	peru
perdiz	perdiz
pollo	frango

Pescados y mariscos
Peixes e frutos do mar

atún	atum
bacalao	bacalhau
fritada	fritada de peixes
lenguado	linguado
merluza	merluza
parrillada	peixes na grelha
rape	peixe-sapo
rodaballo	rodovalho
trucha	truta
zarzuela	misto de peixes e frutos do mar ao molho
almejas	amêijoas
calamar	lula
gambas	camarões-rosa
langostinos	camarões gigantes
mejillones	mexilhões

Pescados y mariscos del Pacífico	Peixes e mariscos do Pacífico
albacora	peixe-espada
congrio	congro
corvina	corvina
merluza de Magallanes	merluza da Patagônia
salmón	salmão
almejas	amêijoas
avalones	caracóis do mar gigantes (Mex)
caracoles de mar	caracóis do mar
cholgas	espécie de mexilhões
choritos	mexilhões pequenos
choros	mexilhões grandes (Chile)
locos	caracóis do mar gigantes (Chile)
machas	moluscos, espécie de amêijoas
ostiones, mejillones	mexilhões
tacas	mariscos, espécie de amêijoas
camarones	camarões (Equa)
centolla	centola, caranguejo do mar (Chile, Arg)
gambas	camarões-rosa
jaivas	caranguejos
langostas	lagosta (Chile)
langostino	camarão gigante (Chile, Peru)

Postres	Sobremesas
arroz con leche	arroz-doce
flan	pudim de caramelo
fruta del tiempo	frutas da estação
helado variado	sorvetes variados
chocolate	chocolate
fresa	morango
limón	limão
vainilla	baunilha
macedonia de frutas	salada de frutas
natillas (AL: postre de crema)	creme
sorbete	sorvete cremoso

tarta de manzana (*AL:* kújen, torta)	torta de maçã
tarta helada (*AL:* torta helada)	torta gelada

Carta de bebidas Carta de bebidas

Bebidas alcohólicas Bebidas alcoólicas

aguardiente	aguardente
anís	anis
brandy, coñac	*brandy*, conhaque
cerveza	cerveja
cerveza de barril	chope
caña	pequeno copo de cerveja *(na América Latina também "rum" e "vinho")*
cava, champaña	champanhe
sidra	cidra
vino	vinho
vino blanco	vinho branco
vino rosado	vinho rosê
vino tinto	vinho tinto

Bebidas sin alcohol Bebidas sem álcool

agua mineral	água mineral
café	café
(café) americano	café grande no copo
café con leche	café com leite
(café) cortado	expresso com pouco leite
(café) descafeinado	(café) descafeinado
café solo	café puro
carajillo	café com conhaque
infusión de manzanilla	chá de camomila
infusión de menta	chá de hortelã
leche	leite
mate	chá-mate *(Arg, Urug, Par, Chile)*
té de coca	chá de coca *(ajuda a combater o mal das alturas nas grandes altitudes dos Andes)*
zumo de naranja	suco de laranja

→ A variedade de bebidas alcoólicas e não-alcoólicas na América Latina é extremamente grande e irá surpreendê-lo mais de uma vez. Assim, por exemplo, no Caribe e na América Central fabrica-se um excelente rum, derivado da cana-de-açúcar, que misturado com o suco das mais variadas frutas tropicais dá lugar a deliciosos coquetéis.

Os vinhos chilenos têm a fama de ser os melhores da América Latina, mas os da Argentina (Mendoza) também são excelentes. No Peru e no Chile toma-se pisco, uma aguardente extraída da uva, com alto teor de álcool. O "Pisco sauer", por exemplo, é oferecido como aperitivo.

Pedir e reclamar ▸▸ 15 *À mesa*
Pedir algo y quejarse de algo

→ Em todos os restaurantes na Espanha existe um libro de reclamaciones (livro de reclamações). Neles os clientes podem elogiar ou criticar o serviço do restaurante.

Por gentileza, poderia passar-me o sal?
¿Me podría pasar la sal, por favor?
Poderia trazer (mais) um pouco de pão, por favor?
¿Me podría traer un poco (más) de pan, por favor?
Poderia trazer uma outra colher, por favor?
¿Me podría traer otra cuchara?
Por favor, ainda não trouxeram o meu bife.
Perdone, pero todavía no me han traído el bistec.
Isto está cozido demais / muito malpassado.
Está demasiado hecho / poco hecho.
Eu não pedi isto.
Yo no he pedido esto.
Gostaria de falar com o chefe.
Quisiera hablar con el dueño.

acompanhamento	la guarnición / agregado
almoço, refeição	comida
chefe (de cozinha)	el chef (de cocina)
copo de água / vinho	vaso de agua / vino
faca / garfo / colher	cuchillo / el tenedor / cuchara
galheteiro, azeiteira	vinagreras, alcuza
garçom / garçonete	camarero / camarera
guardanapo	servilleta
jantar	cena
pimenta	pimienta
prato	plato

sal	la sal
talheres	los cubiertos
toalha de mesa	el mantel
xícara / pires	taza / platillo

Pagar ▶▶ 15 *Quem paga a conta?*
Pagar

▸•• ▶ Na Espanha, a conta é apresentada para o conjunto das despesas, nunca separadamente para cada pessoa da mesa. Em uma mesa composta por muitas pessoas é comum dividir-se o total, independentemente do que cada um tenha comido ou bebido.
Na América Latina em geral também se apresenta a conta total, mas podem-se solicitar contas separadas. Nesse caso, é aconselhável avisar logo de início, caso contrário, a demora das contas poderá ser interminável.

A conta, por favor
La cuenta, por favor.

Gostaríamos de contas separadas.
Quisiéramos cuentas por separado.

Poderia dar-me um recibo, por favor?
¿Me podría hacer una factura (*AL:* un recibo), por favor?

Gorjeta
Propina

▸•• ▶ Dar gorjeta é comum na Espanha e deve-se simplesmente deixar sobre a mesa cerca de 5% a 10% do total da conta. Mas, atenção, nada de moedas de 1 ou de 5 pesetas!
Na América Latina a gorjeta corresponde a cerca de 10% do total dos gastos.

Na cidade

Perguntar um caminho ▸▸ 5 *No trânsito*
Preguntar una dirección

▸•▸▸ *Para evitar mal-entendidos, quando pedir uma informação sobre um trajeto, esclareça se você está a pé ou de carro (ir a pie = "ir a pé", ir en coche = "ir de carro").*

▸ *Cuidado! Em algumas partes da América Latina, o anseio de ser gentil impede que as pessoas digam que não conhecem determinado lugar. Portanto, qualquer informação pode ser correta mas, também, completamente errada.*

Desculpe-me, por favor, ...
Disculpe Ud. por favor, ...

... onde fica o/a ... mais próximo(-a)?
... ¿dónde está el/la ... más cercano(-a)?

... como faço para ir à plaza Mayor?
... ¿cómo puedo ir a la plaza Mayor?

Daqui, qual é o melhor caminho para se chegar a ...?
¿Cuál es el mejor camino para llegar a ... desde aquí?

Siga(m) sempre em frente / direto.
Vaya(n) Ud(s). todo recto / todo seguido / todo derecho.

... até o fim da rua ...
... hasta el final de la calle ...

... na segunda esquina ...
... en la segunda esquina ...

Dobre(m) à esquerda / à direita.
Tuerza(n) a la izquierda / derecha.

Vire(m) a primeira à esquerda.
Gire(n) la primera a la izquierda.

É o terceiro prédio à direita.
Es el tercer edificio a mano derecha.

Não há como errar!
¡No hay pérdida posible!

Desculpe-me, mas acho que me perdi.
Perdone, creo que me he perdido.

Poderia me dizer onde estou?
¿Puede decirme dónde estoy?

Qual é a distância (daqui) até o hotel "Renacimiento"?
¿Cómo de lejos (de aquí) queda el hotel "Renacimiento"?

57

Indicações de lugar
Indicaciones de lugar

à direita	a la derecha
à esquerda	a la izquierda
aí	ahí
ali, lá	allí, allá
aqui	aquí
atrás de	detrás de
diante de	delante de
em frente a, defronte de	frente a, enfrente de
junto a, ao lado de	junto a, al lado de
próximo	cerca
reto, sempre em frente (até)	todo seguido, todo derecho (hasta)

Prédios e edifícios
Edificaciones y edificios públicos

agência oficial de turismo	oficina de turismo
andar	piso
arranha-céus	el rascacielos
banca	quiosco
banheiros (públicos)	los servicios (públicos)
calçada	acera (*AL tb.:* vereda)
Câmara da Indústria e do Comércio	Cámara de Industria y Comercio
casa para uma única família	casa unifamiliar
consulado	consulado
delegacia de polícia	comisaría (de policía)
edifício	edificio
edifício de escritórios	edificio de oficinas
edifício de estacionamento	aparcamiento, el parking (*AL tb.:* edificio de estacionamento)
embaixada	embajada
faixa de pedestres	paso de cebra, paso de peatones
loja	tienda, negocio
loja de departamentos	los grandes almacenes, tienda grande (*AL: el* "mall")
ministério	ministerio
parque	el parque
parque de exposições	recinto ferial
praça	plaza
prefeitura	ayuntamiento (*AL:* alcaldía, la municipalidad)
residência	vivienda
rua	la calle
subúrbio, bairro periférico	suburbio, barrio periférico
torre	la torre
zona de pedestres	zona peatonal

Atividades culturais e espetáculos
Cultura y espectáculos

Gostaríamos de visitar os monumentos desta cidade.
Nos gustaría visitar los monumentos de esta ciudad.
O que nos recomendaria(m)?
¿Qué nos podría(n) recomendar?
Existem visitas organizadas à cidade?
¿Hay visitas organizadas a la ciudad?
Sabe(m) se também são feitas em português?
¿Sabe(n) si las hacen en portugués?
Em que horário os museus ficam abertos?
¿De qué hora a qué hora abren los museos?
Vocês têm folhetos informativos sobre esta região?
¿Tienen Uds. folletos informativos de la zona?
Há algum guia de espetáculos?
¿Hay alguna guía del espectáculo?
Que filmes estão sendo exibidos hoje no cinema?
¿Qué películas echan (*AL*: dan / exhiben) hoy en el cine?
Onde se podem conseguir ingressos para a ópera de hoje à noite?
¿Dónde se pueden encontrar entradas para la ópera de esta noche?
Existe um local de venda antecipada de ingressos?
¿Hay un despacho de venta anticipada?
Qual é o espetáculo que está mais na moda?
¿Cuál es el espectáculo que actualmente está más de moda?

a casa onde nasceu	la casa donde nació
agência de turismo	oficina de turismo
apresentação da tarde / da noite	la representación de tarde / de noche
balé	el ballet
bilheteria (venda de ingressos)	taquilla (de venta de entradas) (*AL tb.*: caja (de venta de entradas))
camarote / platéia	palco / platea
campo de futebol	campo de fútbol
castelo	castillo
catedral / igreja / capela	la catedral / iglesia / capilla
cemitério	cementerio
cinema	el cine
clube de *jazz*	el club de jazz
clube noturno	el club nocturno
concerto	concierto
concerto ao vivo	concierto en directo
discoteca	discoteca
discurso, conferência	discurso, conferencia

o (espetáculo) musical	el (espectáculo) musical
exposição	la exposición
filme	película, el filme
galeria de arte	galería de arte
jogo de futebol	partido de fútbol
missa	misa
monumento	monumento
museu	museo
ópera	ópera
ópera (teatro)	(teatro de la) ópera
peça de teatro	pieza teatral, obra de teatro
sala de concertos, auditório	sala de conciertos, auditorio
salão de baile	sala de baile
sepultura, túmulo	sepultura, tumba
teatro	teatro

Fazer compras

De compras

▸•••▸ *Na Espanha o comércio fica aberto das 9h às 13h e das 17h às 20h30. Aos sábados também vigoram esses horários. Contudo, de acordo com as épocas do ano, podem ocorrer pequenas alterações.*

Na América Latina, os horários em que as lojas permanecem abertas não são fixos mas, normalmente, o comércio fica aberto das 9h às 22h.
Nas grandes cidades algumas lojas funcionam até as 24h.

Poderia me dizer onde há uma floricultura?
¿Podría decirme dónde hay una floristería (*AL:* florería)?

Em que posso servi-lo(s)?
¿En qué puedo servirle(s)?

Obrigado, só estou olhando.
Gracias, sólo estoy mirando.

Poderia mostrar-me ...?
¿Me podría enseñar ...?

Por favor, quanto custa isto?
Por favor, ¿cuánto cuesta?

Gosto deste. Vou levá-lo.
Me gusta. Me lo llevo.

Poderia embrulhar para presente?
¿Podría envolverlo para regalo?

Eu gostaria de mandar um buquê de flores para este endereço.
Quisiera enviar un ramo de flores a la siguiente dirección.

Deseja escrever um cartão?
¿Desea escribir alguna nota?

Vocês aceitam dólares / cartões de crédito?
¿Aceptan Uds. dolares / tarjetas de crédito?

Não, sinto muito, só moeda nacional.
No, lo siento, sólo moneda nacional.

acessórios	accesorios
agência de viagens	agencia de viajes
andar	piso, planta
térreo	planta baja (*AL:* primer piso)
primeiro andar	primer piso (*AL:* segundo piso)
subsolo / porão	piso inferior / sótano
artigos de drogaria	artículos de droguería
artigos eletrônicos	artículos de electrónica
banca de jornais, papelaria	quiosco de periódicos, papelería
caixa	caja
confeitaria	pastelería
doces	los dulces
elevador	el ascensor
escada rolante	escalera mecánica
escritório de achados & perdidos	oficina de objetos perdidos
farmácia	farmacia
floricultura	floristería (*AL:* florería)
joalheria	joyería
jornais	periódicos, diarios
lembranças	recuerdos
livraria	librería
livros	libros
loja de brinquedos	tienda de juguetes
loja de departamentos, grandes magazine	los grandes almacenes, tienda grande (*AL:* el "mall")
loja de suvenires	tienda de souvenirs
material de escritório	el material de oficina
perfumaria	perfumería
placa de indicação	rótulo indicador
produtos alimentícios	productos de alimentación
revistas	revistas
roupas femininas	ropa de mujer
roupas masculinas	ropa de hombre
seção	departamento
vendedor / -a	vendedor / -a

Banco
Banco

▶•••▶ *A política cambial dos países da América Latina orienta-se pelo dólar, isto é, as divisas são constantemente calculadas a partir do dólar. Para evitar prejuízos desnecessários, aconselha-se levar dólares ou cheques de viagem em dólar. Pelo menos nas capitais da maioria dos países, os cartões de crédito mais conhecidos são aceitos, mas antes informe-se sobre seu limite de crédito para cada cartão. O câmbio deveria ser feito preferencialmente nos bancos. Na maior parte dos países existe um mercado negro ou paralelo, mas, muitas vezes, na rua ou nas casas de câmbio você irá receber menos pelo seu dinheiro do que nos bancos.*

Onde há, aqui perto, um banco / uma casa de câmbio?
¿Dónde hay por aquí cerca un banco / una oficina de cambio?

Gostaria de trocar dólares por pesetas.
Desearía cambiar dolares en pesetas.

Qual é a taxa de câmbio hoje?
¿Qué cambio aplican hoy?

Qual é a comissão?
¿Cuál es la comisión?

Como quer o dinheiro?
¿Cómo quiere el dinero?

Dê-me tudo em notas pequenas.
Démelo todo en billetes pequeños.

Eu gostaria de descontar este cheque de viagem.
Quisiera hacer efectivo este cheque de viaje.

Poderia assinar aqui, por favor?
¿Puede firmar aquí, por favor?

Eu perdi meus cheques de viagem. O que devo fazer?
He perdido mis cheques de viaje. ¿Qué es lo que tengo que hacer?

caixa automático	cajero automático
câmbio	cambio
cartão de crédito	tarjeta de crédito
casa de câmbio	oficina de cambio
cédulas / notas (de dinheiro)	el billete de banco
cheque de viagem	el cheque de viaje
código de identificação bancária	código de identificación bancaria (CIB)
conta bancária	cuenta bancaria
cotação cambial	la cotización, tipo de cambio
depositar	ingresar
dinheiro trocado	dinero suelto (*AL tb.:* monedas, sencillo)
dinheiro vivo	dinero en metálico (*AL:* dinero en efectivo)

divisas	divisas
formulário	formulario
guichê	ventanilla
moeda	moneda
peseta (unidade monetária da Espanha)	peseta
peso (unidade monetária da Argentina)	peso
remessa, transferência	transferencia (*AL tb.:* giro)
sacar, retirar	retirar
senha, número secreto, código secreto	número secreto, código secreto
taxa de câmbio	cambio

Correio
Correos

Onde fica a agência de correio / a caixa de correio mais próxima?
¿Dónde está la oficina de correos más próxima / el buzón más cercano?

Quanto custa uma carta para o Brasil / a Espanha / a Argentina?
¿Cuánto cuesta una carta para Brasil / España / Argentina?

Quanto tempo leva uma carta para o Brasil / a Espanha / o Chile?
¿Cuándo tarda en llegar una carta a Brasil / España / Chile?

→→→ *Uma carta do Brasil para as principais cidades da Espanha ou vice-versa demora, em média, seis dias. Cartas importantes ou documentos, que não podem se extraviar, devem ser enviados como carta registrada. Informe-se em cada país sobre os sistemas de correio mais rápido e seguro.*

Eu gostaria de mandar esta carta urgente / carta registrada.
Deseo enviar esta carta urgente / por correo certificado.

Eu gostaria de mandar este fax para o número ...
Quisiera enviar este fax al número ...

caixa de correio	el buzón
carta	carta
carta registrada	correo certificado
cartão-postal	la postal
código de endereçamento postal (CEP)	código postal
distribuição	reparto
envelope	el sobre
fax	el fax
pacote / pequeno pacote	el paquete / el pequeño paquete
selo	sello (*AL tb.:* estampilla)
telegrama	el telegrama

Feiras

Informações gerais
Información general

A feira vai de ... a ...
La feria tiene lugar del … al …

O tema central da feira deste ano é ...
El tema central de la feria de este año es …

Há outros eventos vinculados à feira?
¿Hay otros actos organizados en relación con la feria?

Poderia(m) dar-nos mais um cartão de expositor?
¿Podría(n) hacernos otra tarjeta de expositor?

Onde fica o balcão de informações, por favor?
¿Dónde está el mostrador de información, por favor?

Poderia(m) informar-me onde fica o estande da empresa ...?
¿Podría(n) decirme dónde está el stand de la empresa …?

Eu lhe(s) mostrarei na planta. O(s) senhor(es) / a(s) senhora(s) encontra(m)-se aqui neste ponto. Dirija(m)-se ao pavilhão ...
Se lo marco en el plano. Ud(s). se halla(n) en este punto. Diríjase (Diríjanse) al pabellón …

O(s) senhor(es) / a(s) senhora(s) tem(têm) aqui um guia de expositores?
¿Tiene(n) aquí una guía de expositores?

Organização, pavilhões, estande
Organización, edificios, stand

andar, pavimento	planta
área de exposição ao ar livre	la superficie de exposición al aire libre
armazenamento	el almacenaje
aviso pelo alto-falante	el aviso por el altavoz
balcão / estande de informações	el mostrador / el stand de información
catálogo da feira	catálogo de la feria
centro de feiras	centro ferial
condições	las condiciones
demonstração	la demonstración
entrada principal	entrada principal
escritório da feira	oficina de la feria
estacionamento	aparcamiento
estande	el stand
o expositor / a expositora	el expositor / la expositora
feira	feria
feira da indústria	feria industrial

feira do comércio	feria comercial
feira especializada	feria especializada
visitar uma feira	visitar una feria
folheto	folleto
gerência da feira	la dirección de la feria
guia de expositores	guía de expositores
inauguração	la inauguración
ingresso	entrada
ingresso permanente	abono (para todos los días de la feria)
crachá de visitante	tarjeta de visitante
crachá de expositor	tarjeta de expositor
lista / índice de expositores	lista de expositores
mercadorias expostas	mercancías expuestas
montar / desmontar (um estande)	montar / desmontar (un stand)
organizador	el organizador
passagem, corredor	pasillo
pavilhão, recinto da feira	el pabellón, el recinto ferial
planta dos pavilhões da feira	plano de los pabellones
ponto de encontro	punto de encuentro
porta, portão	puerta
programação	el programa marco
recepcionista	azafata
recinto da feira	recinto de la feria
saída de emergência	salida de emergencia
taxa	tasa
vestiário	el guardarropa
o/a visitante	el / la visitante
o/a visitante especializado / -a	el / la visitante especializado / -a
zona de carga	zona de carga

Propaganda e material publicitário
Publicidad y material publicitario

agência de publicidade	agencia de publicidad
amostra grátis	muestra gratuita
anúncio (na televisão)	anuncio (en la televisión)
anúncio na imprensa	anuncio en la prensa
brinde	obsequio de propaganda
campanha publicitária	campaña publicitaria
cartaz, pôster	el cartel, el póster
catálogo	catálogo
grupo-alvo	grupo destinatario
lançar, introduzir	lanzar, introducir
medidas promocionais	medidas promocionales
mixmarketing	el mix de marketing
pesquisa de mercado	la investigación de mercados

propaganda
prospecto, folheto

propaganda
prospecto, folleto

Contato com os clientes
El contacto con los clientes

Posso ajudá-lo(-a)(s) em alguma coisa?
¿Puedo hacer algo por Ud(s).?

O(s) senhor(es) / a(s) senhora(s) tem(têm) material informativo sobre ..?
¿Tiene(n) Ud(s). material de información sobre ...?

Este é o nosso catálogo geral e a lista de preços atualizada.
Este es nuestro catálogo general y la lista de precios actualizada.

Podemos enviar-lhe(s) material e informações sobre ...
Podemos enviarle(s) material e información sobre ...

Gostaria que me dessem alguma informação sobre ...
Me gustaría que me diesen información sobre ...

Eu sou o/a representante da empresa ...
Soy representante de la empresa ...

Vou deixar o meu cartão.
Aquí le dejo mi tarjeta.

Nós somos importadores de ... para a região de ...
Somos importadores de ... para la zona de ...

Estamos procurando ...
Buscamos ...

Nós estamos interessados em ...
Estamos interesados en ...

Aproxime(m)-se, por favor. Teremos prazer em informá-lo(s) sobre ...
Pase(n), por favor; le(s) informaremos con mucho gusto de ...

Neste momento, estou com uma visita. Poderia(m) voltar dentro de meia hora?
En este momento estoy con una visita. ¿Podría(n) regresar en una media hora?

Gostaríamos de falar com o sr. / a sra. ...
Desearíamos hablar con el Sr./la Sra. ...

Atender aos visitantes
Atender a los visitantes

É melhor o(s) senhor(es) / a(s) senhora(s) conversar(em) com o sr. /a sra. ...
Lo mejor será que hable(n) Ud(s). con el Sr./la Sra. ...

Sinto muito, mas ele / ela está almoçando.
Lo siento, pero está comiendo.

Neste momento ele / ela está numa reunião.
En este momento está en una reunión.

Não deve demorar muito.
No tardará mucho.

Ele/Ela voltará em um instante.
Regresará en un momento.

Descrição do produto
Descripción del producto

Nós somos fabricantes de ...
Somos fabricantes de ...

Este é o nosso último ...
Este es nuestro último ...

A descrição detalhada do produto o(s) senhor(es) / a(s) senhora(s) encontrarão nos nossos folhetos.
La descripción exhaustiva del producto la encontrará(n) en nuestros folletos.

Nesta feira estamos lançando um produto novo no mercado.
En esta feria lanzamos un nuevo producto al mercado.

A relação qualidade-preço é melhor que no modelo anterior.
La relación calidad-precio es mejor que en el producto anterior.

Nós melhoramos ...
Hemos mejorado ...

Em relação ao anterior este apresenta as seguintes vantagens: ...
Frente al anterior presenta estas ventajas: ...

A partir de ... ele estará disponível no mercado.
A partir del ... estará disponible en el mercado.

Eu lhe(s) apresentarei o produto com muito prazer.
Con mucho gusto le(s) presentaré el producto.

adequado, idôneo	adecuado, idóneo
atual	actual
consumo	consumo
dados	datos
de fácil manejo para o usuário	de fácil manejo para el usuario
de muito sucesso	de mucho éxito
de ponta	puntero
desenvolvimento	desarrollo
econômico	económico
efetivo	efectivo
eficiente	eficiente
fabricação, produção	la fabricación, la producción
fabricar, produzir	fabricar, producir

fácil de manejar	fácil de manejar
favorável	favorable
forte, possante	fuerte, potente
instruções, indicações	las intrucciones, las indicaciones
melhorado	mejorado
modelo *standard* / superior	modelo estándar / superior
novíssimo	novísimo
pesquisa	la investigación
procurado	solicitado
provado	probado
rendimento	la prestación
resistente	resistente
resultado	resultado
seguro	seguro
sem dificuldades	sin dificultades
sucesso de vendas, *best-seller*	éxito de ventas, el superventas
último modelo / *design*	el último (diseño)
único	único
variedade, sortimento	gama, surtido
voltado para o futuro	progresista

Encomendas

Pedido

Desejamos fazer uma oferta fixa de ... unidades, para entrega no dia ...
Deseamos una oferta en firme para ... unidades, a entregar el ...

Nós a enviaremos após o término da feira.
Se la haremos llegar en cuanto finalice la feria.

Nós necessitamos ... / Precisamos de ...
Necesitamos ... / Nos hace falta ...

Por favor , envie(m)-nos conforme o combinado ...
Por favor, envíenos (envíennos) según lo acordado...

Para quando precisa(m) da mercadoria?
¿Para cuándo necesita(n) la mercancía?

o mais breve possível / dentro de uma semana / no fim do mês.
tan pronto como sea posible / dentro de una semana / a finales de mes

Qual é o prazo de entrega?
¿Cuál es el plazo de entrega?

Nós lhe(s) enviaremos a mercadoria assim que recebermos seu pedido.
Le(s) enviaremos la mercancía tan pronto hayamos recibido su pedido.

Condições de entrega
Condiciones de entrega

Efetuaremos a entrega da mercadoria nas seguintes condições.
Efectuaremos la entrega de la mercancía en las siguientes condiciones.

custo e frete (CFR)	coste y flete
custo, seguro e frete (CIF)	coste, seguro y flete
entregue direitos não pagos (DDU)	entregado derechos no pagados
entregue direitos pagos (DDP)	entregados derechos pagados
entregue na fronteira (local designado) (DAF)	entregado en frontera
entregue no cais (direitos pagos) (DEQ)	entregado en muelle (derechos pagados)
entregue no navio (DES)	entregado ex buque
franco motorista (FCA)	franco transportista
mercadoria entregue a bordo (FOB)	franco a bordo
mercadoria entregue no costado do navio (FAS)	franco al costado del buque
retirado na fábrica (EXW)	ex fábrica
transporte e seguro pagos (até) (CIP)	transporte y seguro pagados (hasta)
transporte pago (até) (CPT)	transporte pagado (hasta)

Condições de pagamento ▶▶ 12 *Negociar*
Condiciones de pago

As nossas condições de pagamento são as seguintes: ...
Nuestras condiciones de pago son las siguientes: ...

Concedemos um desconto de 3% para os pedidos acima de ...
Aplicamos un descuento del 3% a los pedidos de más de ...

... e 2% de desconto para pagamento em 30 dias a partir da data de emissão da fatura.
... y un 2% de descuento por pago dentro de los 30 días a contar desde la fecha de factura.

O(s) senhor(es) / a(s) senhora(s) aceitaria(m) como pagamento ...?
¿Aceptaría(n) Ud(s). como pago ...?

aceite	letra de cambio aceptada
adiantamento	adelanto, pago inicial
carta de crédito	crédito documentario, carta de crédito
confirmado / não confirmado	confirmado / no confirmado
revogável / irrevogável	revocable / irrevocable
cheque	el cheque

cheque cruzado	el cheque cruzado
conhecimento de embarque	conocimiento de embarque
documentos contra aceite	documentos contra aceptación
factoring	el factoring
letra de câmbio (sacada)	letra de cambio (girada)
letra de câmbio única	el pagaré
pagamento (à vista) contra apresentação de documentos	pago (al contado) contra documentos
pagamento antecipado	pago por adelantado
pagamento à vista	pago al contado
pagamento com carta de crédito	pago con crédito documentario
pagamento com cheque	pago con / por cheque
pagamento no recebimento da fatura	pago al recibo de la factura
sacado (letra de câmbio e cheque)	(letra de cambio) girado, (cheque) librado
sacador, emitente (letra de câmbio e cheque)	(letra de cambio) el girador, (cheque) el librador
swift	Swift
transferência (bancária)	transferencia (bancaria) (*AL:* giro bancario)
vale-postal	giro postal

Organização e estrutura da empresa

Tipos de empresas
Tipos de empresas

Somos uma empresa sem fins lucrativos.
Somos una empresa sin ánimo de lucro / sin fines de lucro.

Nossa empresa se insere no setor primário / secundário.
Nuestra empresa se engloba en el sector primario / secundario.

Somos uma empresa privada / pública.
Somos una empresa privada / pública.

Integramos as empresas de pequeno e médio porte.
Nos integramos en la pequeña y mediana empresa.

Somos uma empresa multinacional.
Somos una empresa multinacional.

A forma jurídica de nossa empresa é a de ...
La forma jurídica de nuestra empresa es la de ...

associação	asociación
companhia limitada (cia. ltda.)	la sociedad (de responsabilidad) limitada (S.L. / S.R.L.), Ltda.
cooperativa	cooperativa
empresa individual	empresa individual
sociedade anônima	la sociedad anónima (S.A.)
sociedade anônima com participação dos empregados	la sociedad anónima laboral (SAL)
sociedade civil	la sociedad civil
sociedade comanditária / em comandita	la sociedad comanditaria / en comandita (S. en C.)
sociedade de capital aberto	la sociedad de capital
sociedade em comandita por ações	la sociedad comanditaria por acciones
sociedade em nome coletivo	la sociedad colectiva

Órgãos, capital ...
Órganos, capitál ...

ação	la acción
administrador	el administrador
assembléia de sócios	junta de socios

Assembléia Geral de acionistas	junta general de accionistas
capital social	el capital social
conselho administrativo	consejo de administración
conselho fiscal	consejo de vigilancia
constituição	la constitución
contribuição, investimento, cota-parte	la aportación, el aporte, la inversión
distribuição de lucros	reparto de beneficios
dividendo (por ação)	dividendo (por acción)
estatutos	estatutos
fundo de reservas	reservas
gerente	el/la gerente
gestão	la gestión
minoria de controle	minoría de control
participações	las participaciones
responsabilidade	la responsabilidad
sócio	socio
sócio coletivo	socio colectivo
sócio comanditário	socio comanditario
sócio cooperativo	socio cooperativo

Setores de atividade, desenvolvimento da empresa
Sectores de actividad, desarrollo de la empresa

Somos uma empresa de prestação de serviços / empresa comercial / empresa de construção / empresa de manufatura.
Somos una empresa de servicios / empresa mercantil / empresa constructora / empresa artesana.

Nós nos dedicamos à fabricação de ...
Nos dedicamos a la fabricación de ...

Comercializamos ... / Desenvolvemos ...
Comerciamos con ... / Desarrollamos ...

Nossa atividade principal é a comercialização de ...
Nuestra principal actividad es la comercialización de ...

Somos uma empresa importadora / exportadora.
Somos una empresa importadora / exportadora.

Nosso mercado concentra-se principalmente em ...
Nuestro mercado se concentra principalmente en ...

Nosso cadastro de clientes inclui empresas líderes do setor.
Nuestra cartera de clientes incluye empresas punteras del sector.

A nossa matriz é ...
Nuestra empresa matriz es ...

Infelizmente tivemos de fechar nossa filial em ...
Desgraciadamente hemos tenido que cerrar nuestra filial de ...

O volume de vendas tem aumentado / diminuído nos últimos anos.
El volúmen de ventas ha aumentado / disminuido en los últimos años.

Infelizmente neste exercício teremos de registrar perdas.
Desgraciadamente este ejercicio se despide con pérdidas.

absorver	absorber
agência	agencia
ampliar	ampliar
cadastro de clientes	cartera de clientes
cadeia	cadena
cartel	el cártel
clientela	clientela
companhia *holding*	la sociedad holding, el holding
concentração	la concentración
concorrer com	competir con
concorrência	competencia
confederação de empresários	la confederación de empresarios
conjuntura favorável	coyuntura favorable
consórcio	consorcio
constituir (uma empresa)	fundar
declarar falência	declararse en quiebra
desenvolvimento empresarial	desarrollo empresarial
despedir	despedir
diversificar	diversificar
empregar, dar trabalho	emplear, dar trabajo
empresa familiar	empresa familiar
estratégia / estratégico	estrategia / estratégico
faturamento	cifra de negocio
fechar	cerrar
filial	la filial
financiar, custear	financiar, costear
fluxo de capital	flujo de capital
fundir / fusão	fusionar / la fusión
grupo empresarial	grupo empresarial
imagem da empresa	la imágen de empresa
investir	invertir
joint venture	la joint venture
lei de defesa da concorrência	la ley de defesa de la competencia
monopólio	monopolio
nacionalizar	nacionalizar
pequenas e médias empresas	PyMes (pequeñas y medianas empresas)
planilha	plantilla
privatizar	privatizar
quota de mercado	cuota de mercado
recessão	la recesión
rede de distribuição / de vendas	la red de distribución / comercial
reduzir	reducir

Português	Espanhol
reorganizar	reorganizar
representação	la representación
setor, seção	la división, la sección
sindicato	sindicato
sucursal	la sucursal
ter lucros / perdas	tener ganancias / pérdidas
vendas, saída	venta, salida

- **departamento de finanças / contabilidade**
  departamento de finanzas / contabilidad
  - *controlling* — controlling
  - contabilidade — contabilidad

- **departamento jurídico**
  departamento jurídico

- **departamento de *marketing***
  departamento de marketing
  - pesquisa de mercado — investigación de mercado
  - publicidade — publicidad
  - promoção de vendas — promoción de ventas

- **relações públicas**
  relaciones públicas (RRPP)

- **departamento de informática / processamento de dados**
  departamento informático / proceso de datos

- **departamento comercial / de vendas**
  departamento comercial / de ventas
  - serviço externo — servicio externo
  - tráfego comercial — tráfico comercial
  - assistência ao cliente — atención al cliente
  - serviço de atendimento (ao cliente) pós-venda — servicio postventa

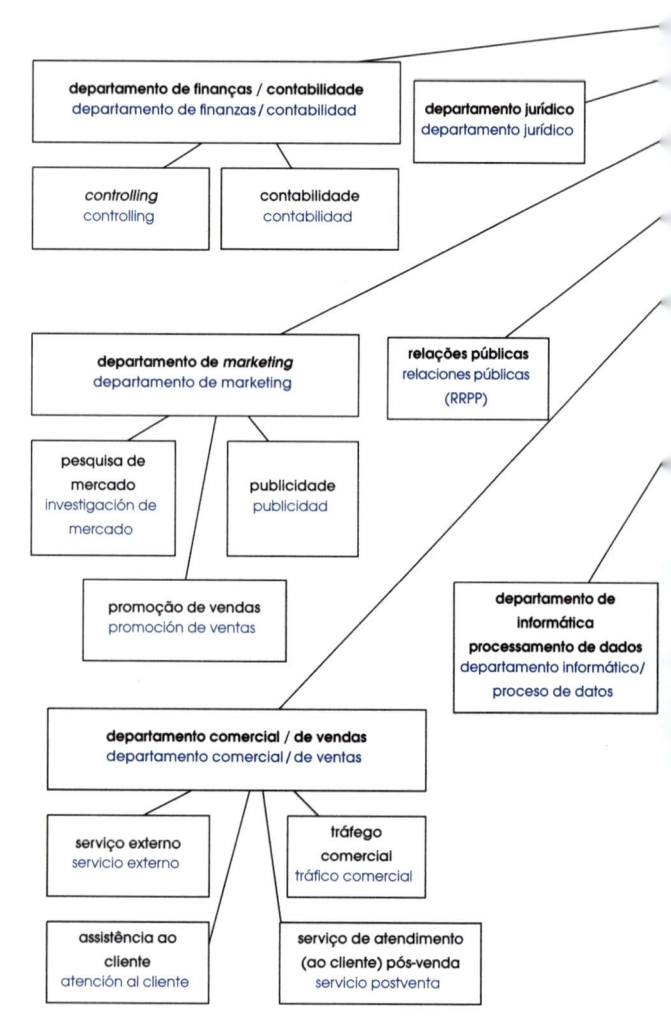

Organização interna
Organización interna

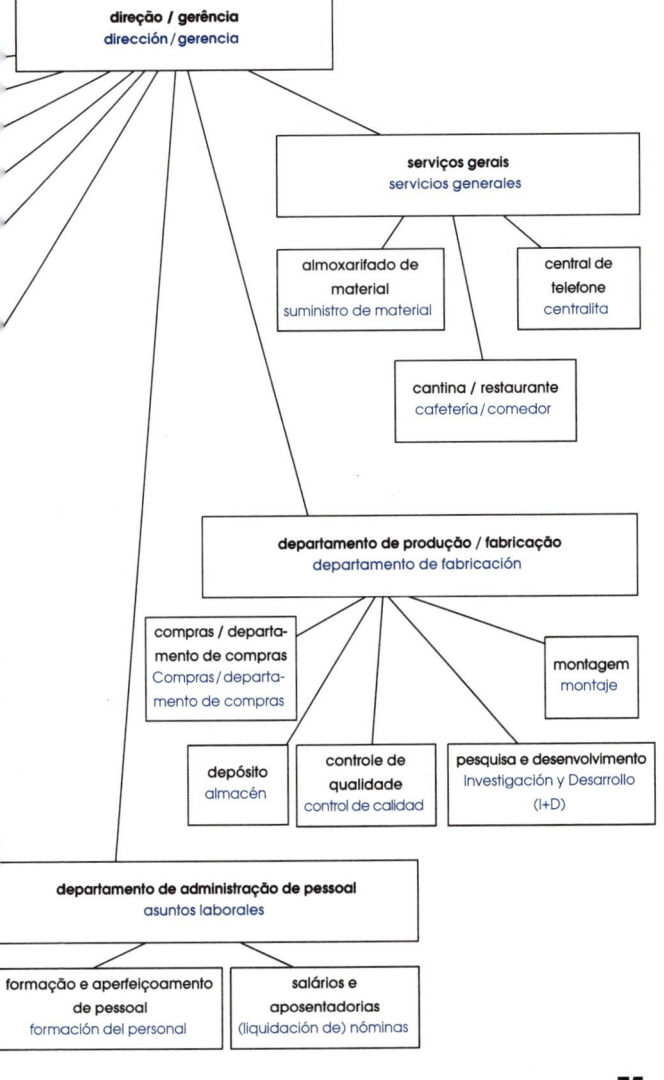

- **direção / gerência**
  dirección / gerencia
  - **serviços gerais**
    servicios generales
    - almoxarifado de material
      suministro de material
    - central de telefone
      centralita
    - cantina / restaurante
      cafetería / comedor
  - **departamento de produção / fabricação**
    departamento de fabricación
    - compras / departamento de compras
      Compras / departamento de compras
    - montagem
      montaje
    - depósito
      almacén
    - controle de qualidade
      control de calidad
    - pesquisa e desenvolvimento
      Investigación y Desarrollo (I+D)
  - **departamento de administração de pessoal**
    asuntos laborales
    - formação e aperfeiçoamento de pessoal
      formación del personal
    - salários e aposentadorias
      (liquidación de) nóminas

Áreas de responsabilidade
Ámbito de responsabilidades

Isso é atribuição do chefe de vendas.
Esto entra dentro del campo de competencias del jefe de ventas.

A responsabilidade está dividida entre ...
La responsabilidad se reparte entre ...

A palavra final é do(-a) ...
La última decisión la toma ...

ajudante	el/la ayudante
aprendiz	el aprendiz / la aprendiza
área de responsabilidade / competência	la esfera de responsabilidad
chefe de departamento, responsável de departamento	el jefe / la jefa de departamento, el/la responsable de departamento
chefe de seção	el jefe / la jefa de sección
subchefes, chefes intermediários	los mandos intermedios, los mandos medios
colaborador / -a	el colaborador / la colaboradora
contramestre	el/la capataz
diretor / -a adjunto / -a	el director / la directora adjunto/-a
diretor / -a administrativo / -a	el director / la directora gerente
diretor / -a geral	el director / la directora general
empregado / -a	empleado/-a
funcionário / -a	funcionario/-a
gerência da empresa	la gestión de la empresa
operário / -a especializado / -a	obrero/-a especializado/-a
ordem hierárquica	el canal de las órdenes, la vía jerárquica
procurador / -a	apoderado/-a general
subordinado / -a, subalterno /-a	subordinado/-a
superior	el/la superior
técnico / -a comercial	técnico/-a comercial
trabalhador / -a assalariado / -a	el trabajador / la trabajadora asalariado/-a
trabalho em equipe	trabajo en equipo

Profissões
Ofícios

administrador / -a de	diplomado/-a en Ciencias Empresariales
advogado / -a	abogado/-a
analista programador / -a	el/la analista programador/ programadora
arquiteto / -a	arquitecto/-a
auditor / -a revisor / -a / de contas	el auditor / la auditora, el revisor / la revisora de cuentas
assessor / -a de empresas	el asesor/la asesora de empresas
assessor / -a fiscal	el asesor/la asesora fiscal
assessor / -a jurídico /-a	el asesor/la asesora jurídico/-a
contador / -a	el/la contable
economista	licenciado/-a en económicas, el/la economista
eletricista	el/la electricista
empregado / -a de escritório	el/la oficinista
encarregado / -a	el oficial / la oficiala
engenheiro / -a	ingeniero/-a
físico / -a	físico/-a
intérprete	el/la intérprete
jornalista	el/la periodista
mecânico / -a	mecánico/-a
montador / -a	el montador/la montadora
porteiro / -a	portero/-a
projetista	el/la delineante
químico / -a	químico/-a
redator / -a	el redactor/la redactora
representante	el/la representante
secretário / -a	secretario/-a
técnico / -a comercial	perito/-a mercantil
técnico / -a em comércio exterior	técnico/-a en comercio exterior
tradutor / -a	el traductor/la traductora

Visita às empresas

Pontualidade
La puntualidad

→•→ Embora a pontualidade também seja valorizada na Espanha, os pequenos atrasos são tolerados. Até uma hora de atraso está dentro da normalidade. Contudo, ao prever que este tempo poderá ser ultrapassado, é aconselhável telefonar para a empresa e explicar as razões do atraso.

Na América Latina não se deve esperar nenhuma pontualidade britânica. Quanto às concepções de tempo dos latino-americanos, os hábitos variam de um país para outro. Até certo ponto, os parceiros comerciais sérios se esforçarão para ser pontuais. Pequenos atrasos, no entanto, não devem ser entendidos como indelicadeza ou descortesia.

Edifícios e instalações
Edificios e instalaciones

administração central	la administración central
andar	piso, planta
andar térreo	planta baja (*AL:* primer piso)
primeiro / segundo andar	primer / segundo piso (*AL:* segundo / tercer piso)
banheiro	lavabo, los servicios
centro de formação	centro de formación
centro de pesquisa	centro de investigación
corredor	pasillo
depósito	el almacén
elevador	el ascensor
entrada principal	entrada principal
escada	escalera
escritório	oficina
estacionamento	aparcamiento (*AL tb.:* estacionamiento)
fábrica	fábrica
porta, portão	puerta
porteiro	portero
recepção	la recepción
sala de reuniões	sala de reuniones

Na recepção
En recepción

Temos um encontro marcado com o sr. / a sra. ...
Tenemos una cita con el Sr./la Sra. ...

Escrevam aqui os seus nomes e o de sua empresa, por favor.
Escriban aquí sus nombres y el de su empresa, por favor.

O sr. / a sra. ... o(s) está aguardando. Aqui está(estão) o(s) seu(s) crachá(s) de visitante(s).
El Sr./La Sra. ... le(s) está esperando. Aquí tiene(n) la tarjeta de visitante.

Um funcionário da empresa virá buscá-lo(s) em poucos minutos.
Enseguida vendrá a buscarle(s) alguien de la empresa.

Apresentações ▶▶ **2** *Cumprimentos; Apresentação*
12 *Aquecimento*

Presentaciones

—•▶— *Se visitantes estrangeiros estiverem acompanhados por uma pessoa do país, devem apresentá-lo ao anfitrião.*
A apresentação obedece à ordem hierárquica. Os nomes e a posição dentro da empresa são citados e as pessoas cumprimentam-se com um aperto de mãos.

Bom dia / tarde, meu nome é ...
Buenos días, mi nombre es ...

Muito prazer.
Es un placer. / Encantado(-a).

Espero que tenha(m) tido um vôo agradável.
Espero que haya(n) tenido un vuelo agradable.

Foi difícil chegar até aqui?
¿Le(s) ha sido difícil encontrarnos?

Posso ajudá-lo(s) a levar alguma coisa?
¿Le(s) puedo ayudar a llevar algo?

Gostaria de apresentar-lhe(s) o sr. ..., nosso gerente.
Permítame (Permítanme) presentarle(s) al Sr. ..., nuestro gerente.

Eu os acompanharei à sala de visitas. Por favor, senhoras e senhores, por aqui.
Les conduciré a la sala de visitas. Por aquí, señoras y señores, por favor.

Posso oferecer-lhe(s) alguma coisa para beber?
¿Le(s) apetece beber alguna cosa?

Pedir, solicitar
Peticiones

Eu poderia dar um telefonema?
¿Podría hacer una llamada por teléfono?

Eu poderia fazer algumas fotocópias?
¿Podría hacer unas fotocopias?

Onde é o banheiro, por favor?
¿Dónde están los servicios, por favor?

Os senhores / as senhoras por acaso teriam um comprimido para dor de cabeça?
¿Tendrían por casualidad una pastilla para el dolor de cabeza?

Eu poderia guardar a minha maleta em algum lugar?
¿Podría dejar mi maletín en alguna parte?

Deseja(m) ver alguma coisa específica da nossa empresa?
¿Desea(n) ver algo en concreto de nuestra empresa?

Gostaríamos de visitar a unidade de produção.
Nos encantaría dar una vuelta por la planta de producción.

Equipamento e material de escritório ▶▶ **14** *Equipamento*
Equipamiento y material de oficína

abridor de cartas	el abrecartas
apontador	el sacapuntas
arquivo	el archivador
arquivo de cartas e/ou documentos	archivo de cartas y / o documentos
calculadora	máquina calculadora
caneta esferográfica	bolígrafo
clipe	el clip
cofre	caja fuerte
cola	pegamento, cola
compasso	el compás
computador	el ordenador, el computador
computador portátil	el ordenador portátil
conexão da Internet	la conexión de Internet
disquete	el disquete
modem	el módem
porta-disquetes	disquetera
rede	la red
tela	pantalla
envelope	el sobre
envelope com janela	el sobre de ventana
fita adesiva	cinta adhesiva, celo
fotocopiadora	fotocopiadora
fotocopiadora (em cores)	fotocopiadora (en color)
grampeador	grapadora, corchetera

máquina de escrever	máquina de escribir
máquina de franquear	máquina de franquear
porta-documentos	el portafirmas
prancheta	tablero de delineante, mesa de dibujo
régua	regla
(tele)fax	el (tele)fax
telex	el telex
tripé com papel	el trípode con papel

Programa da visita
El programa de la visita

O programa de sua visita é o seguinte.
El programa de su visita es el siguiente.

Em primeiro lugar, queremos que conheça(m) a nossa equipe.
En primer lugar queremos que conozca(n) a nuestro equipo.

Em seguida visitaremos o departamento de ...
Seguidamente visitaremos el departamento de ...

Nós lhe(s) mostraremos ...
Le(s) mostraremos ...

Por volta das duas horas faremos uma pausa e iremos almoçar.
Sobre las dos hacemos un descanso y vamos a comer.

Finalmente visitaremos nossas instalações.
Finalmente visitaremos nuestras instalaciones.

O(s) senhor(es) / a(s) senhora(s) acham que está bem assim?
¿Le(s) parece adecuado?

Claro, excelente.
Sí, estupendo.

Teremos de ir embora por volta das ... horas para chegar em tempo no aeroporto.
Debemos irnos sobre las ... para estar con tiempo en el aeropuerto.

Visita às instalações ▶▶ **2** *Mostrar interesse*
Visitar las instalaciones

Acompanhe(m)-me, por favor. Eu lhe(s) mostrarei nossas instalações.
Siga(n)me por favor; le(s) mostraré nuestras instalaciones.

Em primeiro lugar, nossa unidade de produção.
En primer lugar nuestra planta de producción.

O processo de montagem está totalmente automatizado.
El montaje está totalmente automatizado.

Aqui se aplica a tecnologia de ponta.
Aquí se aplica la última tecnología.

Aqui se controla / se fabrica ...
Aquí se controla / se fabrica ...

Quantos operários trabalham na linha de montagem?
¿Cuántos operarios tienen en la línea?

Quantos são os turnos de trabalho?
¿Cuántos turnos tienen?

Unidade de produção
La planta de fabricación

acabamento	acabado
automatização	la automatización
centro de experimentação	centro de experimentación
componente	el componente
controle de qualidade	el control de calidad
depósito	el almacén
em estoque	en stock
embalagem	el embalaje
entrega	entrega
equipamento	equipamiento
expedição	envío
fabricação individual	la fabricación individual
fornecedor	el proveedor, el suministrador
frota (de caminhões)	flota (de camiones)
laboratório	laboratorio
linha / esteira de montagem	línea / banda de montaje
manutenção	mantenimientos
máquina	máquina
matéria-prima	materia prima
montagem	el montaje
norma	norma
oficina	el taller
operação	la operación
operário	operario
peça de reposição	pieza de recambio
peças ao dia	piezas al día
pesquisa e desenvolvimento	I + D (Investigación y Desarrollo)
por computador	por ordenador
prédio da administração	edificio de administración
processar	procesar
processo de produção	proceso de producción
produção em série	la producción en serie
robô	el robot
trabalho em cadeia	trabajo en cadena

Instruções
Instrucciones

Infelizmente, aqui não é permitida a entrada.
Desgraciadamente no está permitida la entrada.

Na unidade de produção não é permitido o uso de máquinas fotográficas.
En la planta de producción no está permitido el uso de cámaras fotográficas.

Nesta área é proibido fumar.
En esta zona no se permite fumar.

No depósito ande(m) sempre sobre as linhas amarelas.
En el almacén ande(n) siempre por encima de las líneas amarillas.

Aqui é obrigatório o uso de capacete.
Aquí es obligatorio el uso de casco protector.

Encerrar a visita ▶▶ 2 *Despedir-se*
Despedirse

A visita foi muito proveitosa. Esperamos repeti-la.
La visita ha resultado muy provechosa. Esperamos repetirla.

A próxima vez esperamos poder recebê-lo(s) em nossas instalações.
La próxima vez esperamos poder recebirle(s) en nuestras instalaciones.

Será um prazer.
Será un placer.

Creio que agora preciso ir embora.
Creo que debería irme ya.

Eu o(s) acompanho até o estacionamento.
Le(s) acompaño hasta el aparcamiento.

Estaremos em contato.
Estaremos en contacto.

Desejo-lhe(s) uma boa viagem de volta.
Que tenga(n) un feliz viaje de regreso.

Mais uma vez, muito obrigado por tudo.
Muchas gracias por todo, otra vez.

Parceria

Aquecimento ▶▶ 16 *Conversa trivial*
Frases introductorias

▶●▶— *No primeiro encontro com um parceiro comercial, logo de início costumam-se trocar cartões de visita.*

Aqui tem o meu cartão.
Aquí tiene mi tarjeta.

▶ *Para quebrar o gelo, em geral inicia-se uma conversa trivial, que, ao se prolongar, permitirá que os parceiros comerciais se conheçam melhor.*

O tempo está magnífico hoje / não está muito agradável.
Hoy hace un tiempo estupendo / no muy agradable.

Mas que trânsito esta manhã!
¡Vaya un tránsito que hay esta mañana!

Foi difícil para o(s) senhor(es) / a(s) senhora(s) encontrar(em) a nossa empresa?
¿Le(s) ha sido difícil encontrar nuestra empresa?

Não, de modo nenhum. Sua descrição nos ajudou muito.
No, en absoluto. Su descripción ha sido de gran ayuda.

É a primeira vez que o(s) senhor(es) / a(s) senhora(s) visita(m) esta cidade / a Espanha?
¿Es la primera vez que visita(n) esta ciudad / España?

Não, eu já estive aqui com minha família, de férias.
No, he venido con mi familia alguna vez de vacaciones.

O(s) senhor(es) viu (viram) o jogo ontem à noite?
¿Vió (Vieron) el partido de ayer por la noche?

Vimos, foi muito emocionante / mas foi decepcionante.
Sí, fue muy emocionante / pero fue decepcionante.

Gostaria(m) de tomar um café?
¿Le(s) apetece tomar un café?

Entrar no assunto ▶▶ 12 *Negociar*
Entrar en materia

Bem, creio que podemos entrar no assunto.
Bien, creo que podemos entrar en materia.

Podemos seguir o plano de trabalho combinado.
Podemos seguir el plan de trabajo que hemos acordado.

Bem, estamos a seu dispor?
Bien, Ud(s). dirá(n).

O sr. ... em poucas palavras nos colocará a par de toda a situação.
El Sr. ... nos pondrá en situación.

No momento estamos pesquisando / buscando ...
Actualmente estamos investigando / buscando ...

Como já sabem, nossa intenção é / decidimos ....
Como ya saben nuestra intención es / hemos decidido ...

Gostaríamos de incluí-los em nosso projeto.
Deseamos incluirles en nuestro proyecto.

ampliar	ampliar
aumentar	aumentar
capacidade tecnológica, *know how*	la capacidad tecnológica, el know how
comercializar	comercializar
comerciante	el/la comerciante
compras	compras
cooperação	la cooperación
(direito de) distribuição com exclusividade	(derecho de) distribución en exclusiva
elevar	aumentar
exportar / importar	exportar / importar
fornecedor	el suministrador, el proveedor
intermediário	intermediario
investir	invertir
joint venture	la joint venture
licença	licencia
concessionário	el concesionista / concesionario
contrato de licença	contrato de licencia
fabricar sob licença	fabricar bajo licencia
royalties	los royalties
licitação	la licitación
melhorar	mejorar
mercadoria	mercancía
participar / participação	hacer partícipe / la participación
patente	la patente
permuta	el trueque
por conta própria / de terceiros	por cuenta propia / ajena
produção	la producción
representação com exclusividade	la representación en exclusiva
representação geral	la representación general
representante / representação	el/la representante / la representación
(a prestação de) serviço	(la prestación de) servicio
sócio / -a comercial	el/la socio/-a comercial
subcontratar	subcontratar

Pedir esclarecimentos
Pedir aclaraciones

Qual é sua idéia?
¿Qué tiene(n) Ud(s). pensado?

O(s) senhor(es) / a(s) senhora(s) poderia(m) explicar mais exatamente, por favor?
¿Sería(n) Ud(s). tan amable(s) de describirlo con mayor exactitud?

Trata-se de que tipo de ...?
¿De qué tipo de ... se trata?

Poderia(m) nos dar mais informações sobre ...?
¿Nos podría(n) dar un poco más de información sobre ...?

Responder
Responder

Certamente é uma proposta muito interessante.
Esta propuesta es ciertamente interesante.

Poderia ser interessante para nós.
Podría ser interesante para nosotros.

Precisamos estudar com tranqüilidade.
Debemos estudiarlo con tranquilidad.

Infelizmente, temos outras prioridades.
Lamentablemente, tenemos otras prioridades.

Agora não podemos tomar uma decisão a esse respeito.
Ahora no podemos tomar una decisión al respecto.

No momento não está em nossos planos algo semelhante.
No entra en nuestros planes actuales algo semejante.

Negociar
Negociar

▶▶ **9** *Condições de pagamento,* **12** *Entrar no assunto; Contratos*

Estamos em condições de lhe(s) oferecer ...
Estamos en situación de ofrecerle(s) ...

... algo em torno de ...
... sobre el ...

Tínhamos pensado em ...
Nosotros habíamos pensado en ...

Podemos ajustar os nossos preços em ...
Podemos ajustar nuestros precios a ...

Esta é a sua melhor oferta?
¿Es esa su mejor oferta?

Sinto muito, mas não é possível melhorá-la.
Lo siento, pero nos es imposible mejorarla.

Sinto muito, mas é nossa última oferta.
Lo siento, pero esa es nuestra última oferta.

Se o(s) senhor(es) / a(s) senhora(s) ... então, talvez, nós pudéssemos ....
Si Ud(s). ... entonces nosotros quizá pudiésemos ...

Supondo que nós ... , então, o(s) senhor(es) / a(s) senhora(s) estaria(m) disposto(-a)(s) a ...?
Suponiendo que nosotros ..., ¿estaría(n) Ud(s). entonces dispuesto (-a)(s) a ...?

Temo que a nossa gerência não concorde com essas condições.
Me temo que nuestra gerencia no estará de acuerdo con esas condiciones.

O(s) senhor(es) / a(s) senhora(s) estaria(m) de acordo com ...?
¿Estaría(n) Ud(s). de acuerdo con ...?

acordo sobre preços	acuerdo sobre precios
arrendar	arrendar
com efeitos retroativos	con efectos retroactivos
comissão	la comisión
comprar / vender	comprar / vender
contrapartida	contrapartida
custo unitário	el coste unitario
custos	los costes
custos fixos / variáveis	los costes fijos / variables
custos / suplementares	los costes suplementarios
custos de frete	gastos de envío
dedução	la deducción
de praxe no comércio	habitual en el comercio
desconto	descuento
desconto comercial	descuento comercial
desconto por quantidade	descuento por cantidad
direitos alfandegários incluídos / não-incluídos	derechos de aduana incluidos / no incluidos
entrega	entrega
fatura	factura
fatura em aberto	factura sin pagar
montante / da fatura	el importe de la factura
fatura pro forma	factura proforma
faturamento, volume de vendas	la facturación, el volumen de ventas
imposto	impuesto
Imposto sobre Circulação de Mercadoria (ICM)	el IVA
incoterms (Internacional Commercial Terms)	los incoterms

letra de câmbio	letra de cambio
margem comercial	el margen comercial
margem de lucro	el margen de beneficio
necessidade	la necesidad
oferta (fixa)	oferta (en firme)
orçamento de custos	presupuesto de costes
pagamento	pago
pagamento antecipado	pago por adelantado
pedido	pedido
pedido de amostra	pedido de prueba
preço	precio
preço de catálogo	precio de lista
preço de compra	precio de compra
preço de custo	precio de coste comercial
preço de venda	precio de venta
preço de venda ao público	precio de venta al público
preço unitário	precio por unidad
tanto por cento	tanto por ciento
taxar	gravar con un impuesto

Concentrar-se no essencial
Centrarse en lo esencial

O mais importante para nós é ...
Lo más importante para nosotros es ...

Por enquanto, vamos deixar isso de lado.
Dejemos eso aparte por ahora.

Podemos voltar a discutir isso no final.
Esto lo podemos discutir otra vez al final.

Vamos nos concentrar no essencial.
Concentrémonos en lo esencial.

Pedir um prazo
Pedir tiempo

Preciso consultar meus superiores.
Debo consultarlo con mis superiores.

Decisões desse tipo não são da minha competência.
Este tipo de decisiones caen fuera de mi competencia.

Deixe(m)-me verificar e depois lhe(s) darei um retorno.
Déjeme comprobarlo y en seguida le(s) digo algo.

Preciso de um pouco mais de tempo para elaborar isso.
Necesito algo de tiempo para elaborarlo.

Creio que este é um bom momento para fazermos uma pequena pausa.
Creo que es un buen momento para hacer un breve descanso.

Fechar o negócio
Cerrar el negocio

Todos os pontos foram discutidos.
Todos los puntos han sido tratados.

Recapitulemos.
Recapitulemos.

Se entendi bem, os acordos são os seguintes: ...
Si he entendido bien, los acuerdos son los siguientes: ...

Combinamos que o(s) senhor(es) / a(s) senhora(s) ... e que nós ...
Quedamos en que Ud(s). ... y nosotros ...

Conforme o estipulado ...
Según lo acordado ...

Da minha parte não há nada mais a acrescentar.
Por mi parte no hay más comentarios.

Creio que chegamos a um acordo, não é?
Creo que hemos logrado un acuerdo, ¿no?

Contratos ▶▶ 12 *Entrar no assunto; Negociar*
Contratos

acordo, convênio	acuerdo, convenio
anexo	anexo
artigo	artículo
assinar / assinatura	firmar / firma
ater-se a	atenerse a
atraso	retraso
atraso na execução / no pagamento	retraso en la ejecución / en el pago
aval	el aval, garantía
cláusula	cláusula
cláusula de escape / renúncia	cláusula de escape (*AL:* cláusula de renuncia)
cláusula de exclusão	cláusula de exclusión
cláusula de sanções	cláusula conminatoria
comisso	pena contractual
condições de entrega	las condiciones de entrega
condições de pagamento	las condiciones de pago
contratante / parte contratante	el/la contratante, la parte contratante
contrato	contrato
corpo pequeno	letra pequeña

cumprimento do contrato	cumplimiento de contrato
cumprimento dos prazos	cumplimiento de los plazos
cumprir	cumplir
declaração de intenções	la declaración de (buenas) intenciones
discutir preços	regatear
embalagem	el embalaje
encargo	la obligación
entrar em vigor	entrar en vigor
esboçar um contrato	esbozar un contrato
força maior	fuerza mayor
garantia	garantía
indenização por perdas e danos	la indemnización por daños y perjuicios
local de cumprimento	el lugar de cumplimiento
local de entrega	el lugar de entrega
matéria de contrato	objeto de contrato
modelo	muestra
modificação	la modificación
não-cumprimento	incumplimiento
negociar	negociar
nulo e não de acordo	nulo y no avenido
por procuração	por poder, por orden
prazo	plazo
prazo de entrega	plazo de entrega
prorrogar	prorrogar
rescindir, anular	rescindir, anular
reserva de propriedade	reserva de propiedad
responder por	responder de/por
responsabilidade	la responsabilidad
seguro	seguro
sem efeito	sin efecto
signatário / -a	el/la firmante, signatario/-a
termos comerciais	los términos comerciales
válido	válido
vencido	pagadero
vencimento	vencimiento
venda, saída	venta, salita
vigente	vigente
vinculante	vinculante
violação de contrato	la violación de contrato

Discutir problemas
Discutir problemas

Ainda haveria alguns (pequenos) problemas que deveríamos discutir.
Habría aún algunos (pequeños) problemas que deberíamos hablar.

Já é hora de abordar este problema.
Ya es hora de abordar este problema.

Ultimamente temos comprovado que há dificuldades no(-a) ...
Últimamente hemos comprobado que hay dificultades en ...

O problema está no(-a)...
El problema está en ...

Não estamos muito satisfeitos com ...
No estamos muy satisfechos de ...

... deve ser melhorado(-a).
... debe mejorarse.

Há cada vez mais reclamações dos nossos clientes.
Cada vez hay más reclamaciones de nuestros clientes.

Se não solucionarem o problema, infelizmente teremos de ...
Si no solucionan el problema, tendremos desgraciadamente que ...

Espero que juntos encontremos uma solução.
Espero que encontremos una solución entre todos.

Esperamos que numa próxima visita os pontos frágeis tenham sido eliminados.
Esperamos que en una próxima visita hayan eliminado los puntos débiles.

Reuniões

O que fazer com o paletó?
¿Qué hacer con la chaqueta?

▸•••▸ *Os espanhóis são muito flexíveis com as assim chamadas "regras do bem-vestir". O mais sensato é adaptar-se aos costumes dos seus parceiros comerciais. Em todo caso, conte sempre com o fato de que grande parte dos escritórios tem ar-condicionado e, conseqüentemente, o ambiente pode estar bem frio.*

Abrir a reunião
Abrir la reunión

Bom dia / Boa tarde, meu nome é ...
Buenos días, mi nombre es ...

Primeiramente, gostaria de apresentar os participantes.
Me gustaría presentar primero a los participantes.

No final será dada a palavra aos presentes.
Al final habrá un turno de palabras. (*AL:* Al final ofreceremos la palabra a los asistentes.)

▸•••▸ *Na Espanha, as reuniões tendem a ser muito demoradas. Conte com a possibilidade de que alguns presentes fumem sem pedir licença e de que não seja servido nada para comer ou beber.*

A reunião não deveria ultrapassar duas horas.
La reunión no debería sobrepasar las dos horas.

Creio que já podemos começar.
Creo que ya podemos empezar.

Pauta do dia
Orden del día

▸•••▸ *Em regra, a pauta da reunião é apresentada pelo anfitrião. Os pontos a serem tratados, no entanto, já foram anteriormente estipulados entre os participantes.*

Cada um de vocês recebeu uma cópia da pauta da reunião.
Cada uno de ustedes ha recibido una copia del orden del día.

Os assuntos a serem tratados são ...
Los temas a tratar son ...

Alguém gostaria de acrescentar ou retirar algo?
¿Quiere alguien añadir o quitar algo?

Alguma pergunta a esse respeito?
¿Hay preguntas al respecto?

De acordo com a pauta nosso primeiro tema é ...
Según el orden del día nuestro primer tema es ...

Opiniões ▶▶ 2 *Opinar*
Opiniones

Sr. ..., qual é a sua opinião a esse respeito?
Sr. ... ¿qué opina Ud. al respecto?

Tem a mesma opinião que ...?
¿Opina lo mismo que ...?

Como supõe que a situação poderia ser melhorada?
¿Cómo cree que podría mejorarse la situación?

Que novas idéias tem como contribuição para este assunto?
¿Qué nuevas ideas puede aportar al tema que nos ocupa?

Se me permitem dar minha opinião a respeito deste ponto ...
Si puedo dar mi opinión respecto de este punto ...

Eu penso que ...
Yo pienso que ...

Estou totalmente convencido de que ...
Estoy totalmente convencido de que ...

Minha experiência me diz que ...
Mi experiencia me dice que ...

Não tenho nenhuma opinião formada a esse respeito.
No tengo opinión formada al respecto.

Não tenho certeza absoluta.
No estoy del todo seguro.

Não refleti o suficiente sobre ...
No he reflexionado suficiente sobre ...

Enfocar o assunto e elucidar questões
Centrar el tema y aclarar cuestiones

Eu gostaria de fazer duas observações. A primeira ..., a segunda ...
Me gustaría hacer dos puntualizaciones. La primera ... la segunda ...

Quanto a esse assunto há pontos de vista diferentes: ...
Hay en este asunto diferentes puntos de vista: ...

Por um lado, ... por outro, ...
Por una parte ..., por la otra ...

O fato é que ...
El hecho es que ...

O problema principal é ...
El problema principal es ...

Temos de admitir que...
Debemos aceptar que ...

Esclarecer
Aclaraciones

O senhor / a senhora poderia explicar isto com mais detalhes, por favor?
¿Podría Ud. explicar esto con más detalles, por favor?

Se me permite, gostaria de dizer-lhe que ...
Si me permite, me gustaría decirle que ...

Se eu o(s) entendi bem ...
Si le(s) entiendo bien ...

O que eu queria dizer é que ...
Lo que quería decir es que ...

Eu não disse que ..., mas que ...
No he dicho que ..., sino que ...

O(s) senhor(es) / a(s) senhora(s) interpretou(interpretaram) mal as minhas palavras.
Ha(n) interpretado mal mis palabras.

Interromper
Interrumpir

Desculpe(m)-me, mas ...
Disculpe(n) pero ...

Posso interrompê-lo?
¿Puedo interrumpirle?

Posso fazer uma observação a respeito deste ponto?
¿Puedo añadir algo respecto de este punto?

Por favor, primeiro deixe o sr. / a sra. ... terminar de falar.
Por favor, deje primero terminar de hablar al Sr./la Sra. ...

Poderia ser mais conciso(-a), por favor?
¿Podría ser más conciso(-a), por favor?

Sr. / Sra. ..., creio que deseja acrescentar alguma coisa.
Sr./Sra. ..., creo que quería añadir algo.

Sem querer criticá-lo(-a), eu gostaria de dizer que ...
Sin querer criticarle, me gustaría decir que ...

Conduzir a discussão
Dirigir la discusión

Passemos agora ao próximo ponto.
Pasemos al punto siguiente.

Vamos continuar o assunto.
Continuemos con el tema que nos ocupa.

Voltando ao assunto ...
Volviendo al tema ...

O sr. / a sra. ... pediu a palavra.
El Sr./La Sra. ... ha pedido la palabra.

Um momento, por favor, o sr. / a sra. ... já havia pedido a palavra antes.
Un momento, por favor, el Sr./la Sra. ... había pedido antes la palabra.

O sr. / a sra. ... tem a palavra agora.
El Sr./La Sra. ... tiene ahora la palabra.

Poderia falar um pouco mais alto? Alguns não conseguiram ouvi-lo(-a) bem.
¿Puede hablar un poco más alto? Algunos no le han oído bien.

Resumir e concluir
Resumen y conclusiones

Resumindo: ...
Resumiendo: ...

Foram discutidos os seguintes assuntos: ...
Se han tocado los siguientes temas: ...

O sr. / a sra. ... informou-nos sobre ...
El Sr./La Sra. ... nos ha infomado sobre ...

Após a discussão ficou decidido que ...
Tras la discusión se ha acordado que ...

Como conclusões nós poderíamos mencionar ...
Como conclusiones podríamos nombrar ...

Creio que não poderemos avançar mais.
Creo que ahora hemos llegado a un punto muerto.

Quem está a favor? Quem está contra? Alguma abstenção?
¿Quién está a favor? ¿Quién en contra? ¿Alguna abstención?

Estas são algumas das medidas a serem tomadas: ...
Estas son algunas de las acciones a tomar: ...

Será redigida uma ata do que foi discutido nesta reunião.
Se redactará un acta de lo que se ha dicho en esta reunión.

Muito obrigado pela sua atenção.
Gracias por su atención.

abordar um problema	abordar un problema
apresentação	la presentación
assunto	el tema
apresentar um assunto	presentar un tema
comparar	comparar
comunicações de informações	las charlas informativas
concordar / discordar	estar de acuerdo / en desacuerdo
convencer, persuadir	convencer, persuadir
decidir	decidir
discutir	discutir
falar alto / baixo	hablar alto / bajo
fazer uma pergunta	hacer una pregunta
moderador	el moderador
moderar	moderar
participante	el participante
pausa	descanso
processo de decisão	proceso de determinación
redigir a ata	redactar el acta
sala de reuniões	sala de reuniones
solicitação	la solicitud
solicitar um esclarecimento	pedir una aclaración
trazer novas idéias	aportar nuevas ideas
unânime	unánime
votar	votar

Exposições orais

Estilo
El estilo

▶▶▶ *Durante as exposições orais, sempre são válidos os princípios gerais: ser claro, expressivo e estimulante.*

Em geral, não é necessário fazer anotações, uma vez que no final da apresentação costuma-se distribuir material impresso.

Equipamento ▶▶ 11 *Equipamento e material de escritório*
Equipamiento

acender / apagar a luz	dar / apagar a luz
alto-falante	el altavoz
aparelho de vídeo	aparador de vídeo
bloco de anotações	cuaderno de notas
cabo de extensão	el cable de empalme
cadeira	silla
caneta hidrográfica	el rotulador (AL: el marcador)
caneta hidrográfica para retroprojetor	el rotulador (AL: el marcador) para retroproyector
cesto de papel	papelera
computador	el ordenador, el computador
cópia	copia
diapositivo	diapositiva
giz	tiza
gravar	grabar
impressora	impresora
lousa	pizarra
mesa	mesa
microcomputador	el ordenador / computador personal
microfone	micrófono
ponteira	puntero
projetor de diapositivos	el proyector de diapositivas
projetor de transparências	el proyector de transparencias
rebobinar	rebobinar
tela	pantalla
tomada	el enchufe
transparência	transparencia
tribuna de oradores	tribuna de oradores
videocassete	el videocasete

Introdução à apresentação
Introducción a la presentación

Para mim é uma grande satisfação poder saudá-los aqui.
Es para mí un motivo de satisfacción poder saludarles aquí.

Vou informá-los sobre a evolução do(-a) ...
Les infomaré sobre la evolución de ...

Na minha exposição utilizarei vários diagramas.
En mi presentación me ayudaré de varios diagramas.

Para que possam acompanhar melhor, eu distribuí material impresso.
He repartido material gráfico / impreso para que puedan seguirme mejor.

Gostaria de iniciar apresentando alguns dados sobre a evolução nos últimos meses.
Quisiera empezar presentando algunos datos sobre la evolución en los últimos meses.

Em primeiro lugar, convém chamar a atenção para ...
En primer lugar hay que llamar la atención sobre ...

em primeiro lugar / em segundo lugar / em terceiro lugar
en primer lugar / en segundo lugar / en tercer lugar

após / a seguir / depois
luego / a continuación / después

finalmente / no final
finalmente / al final

Mensagem
El mensaje

Nesta apresentação gostaria de demonstrar o seguinte: ...
En esta presentación quisiera demostrar lo siguiente: ...

Para isso eu gostaria de me concentrar no problema x.
Para ello quisiera concentrarme en el problema x.

Portanto não há nenhuma dúvida de que ...
No hay pues ninguna duda de que ...

O que eu quero dizer é que ...
Lo que quiero decir es que ...

Confirmam a minha tese os seguintes argumentos: ...
Los siguientes argumentos confirman mi tesis: ...

Como os senhores / as senhoras já sabem ...
Como Uds. ya saben ...

A isso deve-se acrescentar que ...
A eso hay que añadir que ...

Ao contrário de ...
Al contrario de ...

Por um lado, ... por outro, ...
Por un lado ..., por el otro ...

Explicar e comentar diagramas
Explicar y comentar diagramas

Este diagrama mostra a curva de ...
Este diagrama muestra la curva de ...

Gostaria de iniciar descrevendo os elementos aqui representados.
Quisiera empezar describiendo los elementos representados.

O ponto *x* representa ...
El punto *x* representa ...

A superfície tracejada do diagrama mostra ...
La superficie rayada del diagrama muestra ...

Na tabela *x* são apresentados os números de ...
En el cuadro *x* se indican las cifras de ...

Como os senhores / as senhoras podem observar ...
Como Uds. pueden apreciar ...

Observem ...
Observen ...

Não se deveria dar uma importância excessiva para este número.
No se debería dar una importancia excesiva a esta cifra.

A curva sobe na fase inicial e depois cai acentuadamente.
La curva sube en la fase de introducción y luego cae pronunciadamente.

A coluna ilustra a ascensão de ...
Esta barra muestra la subida de ...

Na curva *y* observa-se que ...
Se ve en la representación de la curva *y* que ...

Essa mudança indica que ...
Este cambio indica que ...

alcançar; atingir	alcanzar
alcançar o ponto mais alto	alcanzar el punto más alto
alcançar o ponto mais baixo	alcanzar el punto más bajo
análise	el análisis
aumentar, crescer / aumento, crescimento	aumentar, crecer / aumento, crecimiento
barra	barra
cair	caer
coluna	columna

constante	la constante
curva	curva
curva plana	curva plana
curva pronunciada	curva pronunciada
dado	dato
declinar	caer, descender
de repente, repentinamente	de repente, repentinamente
diagrama de barras	el diagrama de barras
diagrama de colunas	el diagrama de colunas
disparar (para o alto)	dispararse
dramático, dramaticamente	dramático, dramaticamente
eixo	el eje
vertical, horizontal	vertical, horizontal
esquema	el esquema
figura	figura
flutuar	fluctuar
fluxograma	diagrama de flujo
grade	cuadrícula
gráfica	gráfica
ilustração	la ilustración
limiar	el umbral
linha	línea
linha contínua	línea continua
linha descontínua	línea discontinua
linha pontilhada	línea de puntos
matriz	la matriz
mudança	cambio
organograma	el organigrama
parâmetro	parámetro
permanecer estável	permanecer estable
pirâmide	la pirámide
ponto	punto
posição	la posición
progressivo, progressivamente	progresivo, progresivamente
quadrante	el cuadrante
queda	bajada, descenso
representação gráfica	la representación gráfica
representar	representar
segmento	segmento
tabela	tabla
uniforme, regular	uniforme, regular
variável	la variable

Resumir
Resumir

Resumindo: ...
Resumiendo: ...

Que conclusões podem ser extraídas de ...?
¿Qué conclusiones se pueden extraer de ...?

De tudo isso pode-se deduzir que ...
De todo esto se deduce que ...

Os diagramas mostram claramente que ...
Los diagramas muestran a las claras que ...

Portanto, demonstrou-se que ...
Se ha demostrado, pues, que ...

Aplausos
Aplausos

➡️ *Na Espanha, é comum os ouvintes expressarem sua aprovação ou seu entusiasmo por meio de aplausos.*

Rodada de perguntas
Turno de preguntas

Alguém quer fazer alguma pergunta?
¿Quiere alguien hacer alguna pregunta?

Estou à disposição para responder a qualquer pergunta.
Estoy a su disposición para responder a cualquier pregunta.

Gostaria de fazer uma pergunta referente a ...
Desearía hacer una pregunta con referencia a ...

Se entendi bem ...
Si le he entendido correctamente ...

O senhor /a senhora acha que é importante que ...?
¿Cree Ud. que es importante que ...?

Creio que o sr. / a sra. ... poderia responder a essa pergunta melhor do que eu.
Creo que el Sr./la Sra. ... podría responder mejor que yo a esa pregunta.

Se não há mais perguntas, podemos dar por terminada esta apresentação.
Si no hay más preguntas, podemos dar por finalizada la presentación.

Convites profissionais e pessoais

▶ ▶ ▶ *Para os anfitriões espanhóis é muito importante que seus parceiros comerciais tenham uma estada agradável no país. Eles não medem esforços e, geralmente, já têm preparado para os visitantes um programa completo para as horas de lazer.*
Desta maneira, aceite sempre os convites para não ofender seus anfitriões. Dores de cabeça, cansaço ou qualquer outro empecilho não são desculpas para trancar-se no hotel.

Espetáculos
Espectáculos

▶ ▶ **8** *Atividades culturais e espetáculos*

O(s) senhor(es) / a(s) senhora(s) já tem(têm) algum programa para hoje à noite?
¿Tiene(n) algún plan para esta noche?

Nada em especial. Pensávamos ficar no hotel.
Nada en especial. Pensábamos quedarnos en el hotel.

O(s) senhor(es) / a(s) senhora(s) tem(têm) alguma sugestão interessante?
¿Tiene(n) alguna sugerencia interesante?

A nossa cidade oferece uma grande variedade de atividades culturais.
Nuestra ciudad tiene una oferta cultural muy variada.

Eu gostaria muito de assistir a ...
Tengo mucho interés en asistir a ... .

Seria possível conseguir ingressos para ...?
¿Sería posible conseguir entradas para ...?

Nós temos ingressos para o jogo ...
Tenemos entradas para el partido ...

Achamos que talvez tivesse(m) interesse em ...
Hemos pensado que quizás pudiese interesarle(s) ...

Com certeza iremos adorar. Muito obrigado.
Seguro que nos encantará. Muchas gracias.

Viremos buscá-lo(a)(s) às ... em ...
Le(s) recogeremos a las ... en ...

O que achou do filme / do concerto?
¿Qué le(s) ha parecido la película / el concierto?

magnífico(-a) / muito interessante / decepcionante
estupendo(-a) / muy interesante / decepcionante

O(s) senhor(es) / a(s) senhora(s) gosta(m) de ir à ópera?
¿Le(s) gusta ir a la ópera?

O que acha(m) do(-a) ...?
¿Qué opina(n) de ...?

Sair para jantar ▶▶ 7 *Gastronomia*
Salir a cenar

▸•• ▶ *Uma vez que na Espanha costuma-se jantar tarde da noite, ao ser convidado para um programa noturno considere se convém comer alguma coisa antes ou se é melhor conter seu apetite por algumas horas.*

Já tem (têm) algum programa para hoje à noite?
¿Ya tiene(n) planes para esta noche?

Gostaríamos de convidá-lo(s) para jantar esta noite.
Nos gustaría invitarle(s) a cenar esta noche.

▸•• ▶ *Os restaurantes, em geral, são escolhidos pelo ambiente. O seu parceiro comercial pode levá-lo um dia a um restaurante luxuoso e no outro a uma* tasca *rústica e aconchegante.*

Aqui na região há bons restaurantes em que se come muito bem.
Aquí en la zona hay buenos restaurantes donde se come muy bien.

O que prefere(m) comer: carne ou peixe?
¿Que prefiere(n) comer: carne o pescado?

Deixamos a sua escolha.
Lo dejamos a su elección

O que me/nos recomendaria(m)?
¿Que me/nos recomienda(n)?

Eu preferiria comer ...
Yo preferiría comer ...

Sinto muito, mas sou vegetariano(-a).
Lo siento pero soy vegetariano(-a).

O(s) senhor(es) / a(s) senhora(s) quer(em) que eu peça um cardápio em inglês?
¿Desea(n) que le(s) pida una carta en inglés?

▸•• ▶ *Na Espanha em geral pede-se no almoço o prato do dia e, à noite, escolhe-se um prato do cardápio.*

Não, não é necessário. O senhor / a senhora mesmo pode me / nos ajudar.
No, no es necesario. Ud. mismo puede ayudarme / ayudarnos.

Aqui eu sempre peço ...
Yo aquí siempre tomo ...

▸•• ▶ *Para o espanhol, comer não é apenas uma necessidade, é antes de tudo um prazer. Os espanhóis gostam muito de falar sobre as especialidades da culinária do seu país, isto é, sobre os pratos típicos e os modos de prepará-los. Para não ofender seu "orgulho gastronômico", abstenha-se de fazer qualquer comentário crítico e não mostre reservas para com mexilhões ou qualquer outra iguaria à qual você não esteja acostumado.*

Parece muito bom. Vou pedir a mesma coisa.
Me parece bien. Yo tomaré lo mismo.

Bom apetite!
¡Que aproveche!

Está delicioso.
Está riquísimo.

Brindar
El brindis

▸•●▸ *Durante o almoço/jantar pode-se brindar ao sucesso de uma parceria. Se deseja festejar o fechamento de um negócio, tanto na Espanha como na América Latina, o momento mais apropriado para fazer isso é antes da sobremesa.*

Gostaria de dirigir um brinde a uma boa parceria.
Quisiera brindar por una buena colaboración.

Saúde!
¡Salud!

Falar de negócios durante as refeições ▸▸ 16 *Conversa trivial*
Hablar de negocios durante la comida

▸•●▸ *Na América Latina, se você for convidado para um almoço, provavelmente será para tratar de negócios. Mas, se for convidado para um jantar, será antes de mais nada por lazer.*

Na Espanha pode-se até conversar sobre negócios durante as refeições, mas é um verdadeiro tabu dirigir a conversa para isso ou querer fechar algum tipo de negócio.

Quem paga a conta? ▸▸ 7 *Pagar*
¿Quién paga la factura?

▸•●▸ *Em regra, o anfitrião paga a conta. Se as idas ao restaurante tornarem-se mais freqüentes, o hóspede também poderá se oferecer para pagar. Se você pagar com cartão de crédito, coloque-o sobre a mesa sem olhar o total da conta; se pagar com dinheiro, coloque as notas debaixo da conta para que ninguém veja o valor total.*

Garçom, a conta, por favor.
Camarero, la cuenta por favor.

Este jantar é por nossa conta.
Esta cena corre de nuestra cuenta.

De modo algum, vocês são nossos convidados.
Ni hablar, Uds. son nuestros invitados.

Muito obrigado.
Muchas gracias.

Convite para um jantar em casa
Invitación a casa

▶•▶ *Parceiros comerciais, em geral, não são convidados para ir à casa do anfitrião logo no início. É mais provável que o anfitrião e sua mulher saiam com o hóspede à noite para jantar ou fazer algum outro programa. Um encontro em casa só ocorrerá quando se tiver formado uma base mais sólida de contato.*

Minha mulher e eu gostaríamos de convidá-lo(-a)(s) para jantar em nossa casa esta noite.
A mi esposa y a mí nos encantaría invitarle(s) esta noche a cenar.

É muito amável de sua parte.
Muy amable de su parte.

Agradeço o convite, mas vamos partir hoje mesmo.
Muchas gracias por la invitación, pero nos vamos hoy mismo.

Bem, então fica para outra ocasião.
Bueno, en otra ocasión será.

O que presentear à anfitriã?
¿Qué regalamos a la anfitriona?

▶•▶ *Flores ou bombons de uma boa confeitaria serão sempre uma boa opção. Pequenos presentes típicos do seu país também são sempre bem recebidos.*

Tomei a liberdade de lhe trazer um presentinho.
Me he permitido traerle un pequeño detalle regalo.

Espero que lhe agrade.
Espero que sea de su agrado.

Não precisava se incomodar. Muito obrigado.
No debería haberse molestado. Muchas gracias.

Agradecer e ser cortês ▶▶ 2 Agradecer,
Dar las gracias y hacer cumplidos 16 Votos e congratulações

Muito obrigado pelo convite.
Muchísimas gracias por la invitación.

O senhor / a senhora tem uma família encantadora.
Tiene Ud. una familia estupenda.

A casa é muito bonita e está decorada com muito bom gosto.
La casa es preciosa. Ha tenido Ud. muy buen gusto en la decoración.

À mesa
Durante la comida

▶•▶ *Se deseja causar uma boa impressão ao anfitrião e, em especial, à sua mulher, não deixe resto no prato. Sem acanhamen-*

to, pode-se pedir "mais um pouquinho", pois isto será entendido como um cumprimento à cozinheira ou, quem sabe, ao cozinheiro.

O peixe está bom?
¿Está bueno el pescado?

Aceita(m) mais um pouco?
¿Le(s) apetece un poco más?

Gostaria(m) de um pouco mais de ...?
¿Le(s) apetece un poco más de ...?

Obrigado, estou satisfeito(-a).
No gracias, he comido suficiente.

Sim , obrigado, está delicioso.
Sí, por favor, está riquísimo.

Posso servir-lhe mais um pouco de vinho?
¿Le sirvo un poco más vino?

Poderia passar-me ...?
¿Me podría alcanzar ...?

Estava excelente!
Estaba muy bueno.

Gostei muito.
Me ha gustado mucho.

A comida estava deliciosa.
La comida estaba deliciosa.

Já tinha(m) comido isso alguma vez?
¿Había(n) comido de esto alguna vez?

A senhora é uma excelente cozinheira!
¡Es Ud. una cocinera estupenda!

Hora de despedir-se ▶▶ 2 *Despedir-se*
Hora de irse

Creio que está na hora de irmos embora. Amanhã teremos um dia de muito trabalho.
Creo que deberíamos marcharnos. Mañana nos espera un día muy duro.

Não imaginei que já fosse tão tarde. É melhor irmos embora agora.
No creí que fuese tan tarde. Será mejor que nos marchemos.

Poderiam pedir-nos um táxi?
¿Podrían pedirnos un taxi?

Por favor, não deixem de nos visitar se viajarem a(-o) ...
Por favor, no dejen de visitarnos si alguna vez viajan a ...

Seria um grande prazer poder retribuir-lhes o convite.
Me encantaría poder devolverles la invitación.

Muito obrigado pela noite tão agradável / pela sua hospitalidade.
Muchas gracias por la velada tan agradable / por su hospitalidad.

Foi realmente um grande prazer ter estado aqui.
Ha sido un placer haber estado aquí.

Conversa trivial

Iniciar uma conversa
Empezar una conversación

Eu me alegro por ...
Me alegro de que ...

É uma pena que hoje ...
Es una pena que hoy ...

O que acha(m) se ...?
¿Qué le(s) parece si ...?

O(s) senhor(es) / a(s) senhora(s) sabia(m) que ...?
¿Sabía(n) Ud(s). que ...?

Temas e tabus
Temas y tabús

▸▸▸ *Entre os temas apropriados para uma conversa estão os usos e os costumes dos países, os interesses pessoais (o tema "número 1" na Espanha é o futebol), a economia e a empresa. Nos países latino-americanos, a política nacional é, no momento, um tema muito em voga e constantemente abordado, já que nesses países, muito mais do que na Europa, as empresas dependem das decisões políticas. Assim, não se sinta incomodado se seus anfitriões falarem sobre política local. Eles não o levarão a mal se não participar muito da conversa ou se procurar se informar através de perguntas.*

No entanto, temas como sentimentos nacionais, convicções religiosas e, na Espanha, o movimento separatista (incluindo-se o terrorismo), as touradas e as corridas de touro são extremamente delicados. Uma crítica vinda de um estrangeiro pode não ser bem recebida. Evite criticar os usos e os costumes ou, por exemplo, a política de governo do país. É pouco provável que as suas prováveis boas intenções sejam entendidas. De qualquer modo, evite atingir o orgulho nacional de seus interlocutores.

Negócios ▸▸ 10 *Organização e estrutura da empresa*
Negocios

Está aqui a negócios?
¿Está aquí por negocios?

Como vão os negócios?
¿Cómo van los negocios?

Não posso me queixar. Estão ótimos.
No me puedo quejar. De primera.

A concorrência está cada vez maior.
La competencia es cada vez mayor.

Trabalha há muito tempo na empresa?
¿Hace tiempo que trabaja en la empresa?

Onde fica exatamente?
¿Dónde está exactamente?

É uma região / zona industrial?
¿Es una región / zona industrial?

Existem muitas empresas desse setor em seu país?
¿Hay muchas empresas del sector en su país?

Quando foi fundada sua empresa?
¿Cuándo se fundó la suya?

Vocês também trabalham com outros países?
¿Trabajan con otros países?

Economia e política
Economía y política

Qual é, de modo geral, a situação econômica do país?
¿Cuál es, en general, la situación económica del país?

Qual é a taxa de inflação atualmente?
¿Qué inflación hay actualmente?

Como estão as taxas de juros?
¿Cuál es el tipo de interés?

Qual é o índice de desemprego?
¿Cuál es la tasa de desempleo?

Há perspectivas de mudanças no governo?
¿Se avecinan cambios en el gobierno?

Haverá mudanças profundas na política geral do país?
¿Habrá cambios profundos en la política general del país?

Haverá mudanças em leis que possam nos afetar?
¿Habrá cambios en las leyes que nos puedan afectar?

Países, regiões, cidades
Países, regiones, ciudades

▶▶ **1** *Nacionalidades e línguas,* **2** *Países e nacionalidades*

O que acha(m) da cidade?
¿Qué le(s) parece la ciudad?

Eu vi pouca coisa, mas parece ser interessante.
He visto poca cosa, pero parece interesante.

E as pessoas são diferentes das do seu país?
Y la gente, ¿es distinta a la de su país?

O senhor é desta região?
¿Es Ud. de esta zona?

Não, eu sou de ...
No, yo soy de ...

Onde fica exatamente?
¿Dónde está exactamente?

Fica no norte / sul / leste / oeste.
Está situada en el Norte / Sur / Este / Oeste.

É a capital da Comunidade Autônoma de ...
Es la capital de la Comunidad Autónoma de ...

É uma pequena cidade localizada no litoral / no interior.
Es una pequeña ciudad en la costa / el interior.

Tem aproximadamente ... habitantes.
Tiene alrededor de ... habitantes.

Pontos turísticos e lembranças
Monumentos y recuerdos

▶▶ **8** *Atividades culturais e espetáculos*

O que me aconselha(m) visitar aqui?
¿Qué me aconseja(n) visitar?

Não pode deixar de ver ...
No debe perderse ...

Que objetos típicos existem nesta região?
¿Qué objetos típicos hay de esta zona?

Gostaria de levar alguma coisa daqui para a minha família.
Me gustaría llevar algo de aquí a mi familia.

Eu, no seu lugar, compraria uma garrafa de vinho / uma peça de cerâmica.
Yo en su lugar compraría algo de vino / una pieza de cerámica.

109

Crianças
Niños

●●▶ *A família e as crianças são um tema central tanto na Espanha quanto na América Latina. Portanto, não as deixe passar em branco.*

O senhor / a senhora tem filhos?
¿Tiene Ud. hijos?

Qual a idade dele(s)?
¿De qué edades?

Eles ainda freqüentam o ciclo básico / o segundo ciclo.
Todavía están en la escuela primaria / en la secundaria.

Um já cursa a universidade e a outra está fazendo o colegial / ainda está no segundo ciclo.
Uno va ya a la universidad y la otra está haciendo el bachillerato / está aún en la escuela secundaria.

Está estudando no exterior.
Está estudiando en el extranjero.

Trabalha como/de ... . Nunca quis estudar.
Trabaja de ... . Nunca quiso estudiar.

Em boa forma
En forma

O senhor / a senhora pratica algum esporte?
¿Practica Ud. algún deporte?

Sim, um pouco de tênis / golfe.
Sí, un poco de tenis / golf.

Nos fins de semana sempre ando de bicicleta.
Los fines de semana siempre salgo en bicicleta.

Não, só procuro ir a pé a todo lugar.
No, sólo procuro ir andando a todas partes.

Passatempos
Hobbys

Adoro ir ao cinema. Vou com muita freqüência.
Me encanta el cine. Voy con mucha frecuencia.

Mas que coincidência, eu também!
¡Qué casualidad!, a mí también.

A que filmes assistiu ultimamente?
¿Qué películas ha visto últimamente?

Ouço música / Leio romances.
Escucho música. / Leo novelas.

Que tipo de romances / música?
¿Qué tipo de novelas / música?

O pouco tempo livre que tenho, passo com a família.
Mi poco tiempo libre lo paso con la familia.

Gosto de pintar / fazer bricolagem / tocar um instrumento.
Me gusta pintar / hacer bricolage / tocar un instrumento.

Passo muitas horas no jardim.
Me paso muchas horas en el jardín.

Coleciono selos.
Colecciono sellos.

Votos e congratulações ▸▸ 15 *Agradecer e ser cortês*

Cumplidos

Meus parabéns!
¡Enhorabuena! / *(Aniversários, casamentos, etc.)* ¡Felicidades!

Eu me alegro pelo(-a) senhor / senhora.
Me alegro por Ud.

O senhor / a senhora tem muita sorte.
Es Ud. muy afortunado(-a).

O senhor / a senhora deve sentir-se muito orgulhoso(-a) / estar muito satisfeito(-a).
Debe Ud. sentirse orgulloso(-a) / estar muy satisfecho(-a).

Socorro!

Saúde
La salud

No consultório médico
En la consulta del médico

Não estou me sentindo bem.
No me encuentro bien.

Estou com enjôo.
Estoy mareado(-a).

Estou com dor de cabeça.
Tengo dolor de cabeza.

Preciso de um médico.
Necesito que me vea un médico.

●●▶ *Na Espanha quase não há médicos particulares; costuma-se ir ao ambulatório das policlínicas.*

Onde fica o serviço de atendimento de urgência mais próximo?
¿Dónde está el servicio de urgencias más cercano?

De que documentos eu preciso para ser atendido(-a)?
¿Qué documentos necesito para ser atendido(-a)?

O que está sentindo?
¿Qué molestias tiene?

Estou com febre. / Estou muito resfriado(-a). / Estou com diarréia.
Tengo fiebre. / Estoy muy resfriado(-a). / Tengo diarrea.

Eu me cortei com ...
Me he cortado con ...

Levei uma picada de ...
Me ha picado ...

Acabo de sofrer um acidente.
Acabo de tener un accidente.

Não se preocupe, não é nada grave.
No se preocupe, no es nada serio.

Precisa ir imediatamente para o hospital.
Tiene que ir inmediatamente al hospital.

Eu sou alérgico a ...
Tengo alergia a ...

Poderia me receitar alguma coisa contra ...?
¿Podría recetarme algo contra ...?

É melhor fazer o tratamento em seu país.
Será mejor que haga el tratamiento en su país.

Vou lhe receitar um analgésico.
Le daré un analgésico.

alergia	alergia
apendicite	la apendicitis
ardência de estômago	el ardor de estómago
ataque	el ataque
ataque cardíaco	el ataque cardíaco
caixa de seguro	caja del seguro
desmaiado	desmayado
dificuldades respiratórias	las dificultades para respirar
dor de cabeça	el dolor de cabeza
dor de estômago	el dolor de estómago
dor de garganta	el dolor de garganta
enfermeira	enfermera
entrada / admissão de urgência	urgencias
enxaqueca	migraña
febre	la fiebre
febre do feno	la fiebre del heno
grupo sangüíneo	grupo sanguíneo
hospital	el hospital
ficha do seguro	el volante del seguro
indigestão	la indigestión
injeção	la inyección
intoxicação alimentar	la intoxicación alimentaria
precisar de oxigênio	necesitar oxígeno
pressão sangüínea	la presión sanguínea
pulso	pulso
radiografia	radiografía
úlcera	úlcera
vomitar	vomitar

No dentista ▶▶ 17 *No consultório médico*
En la consulta del dentista

Estou com dor de dente.
Tengo dolor de muelas.

Este dente / dente molar está mole.
Se me mueve este diente / esta muela.

O senhor precisa de algumas obturações.
Necesita unos empastes.

Está com a gengiva inflamada.
Tiene las encías inflamadas.

Seu dente do siso está saindo.
Le está saliendo la muela del juicio.

113

caiu	ha caído
dentadura	dentadura
dente	el diente
dente do siso	muela del juicio
dor de dente	el dolor de muelas
enxaguar	enjuagar
injeção	la inyección
maxilar	mandíbula, el maxilar
mole	flojo, suelto
morder	morder
obturação	el empaste
perfurar	taladrar
ponte	el puente
quebrado	roto
raiz	la raíz
trincado	partido

Na farmácia
En la farmacia

━••▶   *Mesmo durante o horário comercial, na Espanha muitas vezes as farmácias permanecem fechadas e só abrem a porta quando se toca a campainha.*

Onde fica a farmácia de plantão mais próxima?
¿Dónde está la farmacia de guardia más cercana?

Preciso deste medicamento ou de um outro similar.
Necesito este medicamento u otro similar.

Sinto muito, mas só podemos vender com receita médica.
Lo siento, pero sólo lo podemos vender con receta médica.

Na ótica
En la óptica

Perdi meus óculos e preciso com urgência de outros.
He perdido mis gafas y necesito urgentemente otras.

Quanto tempo levam para me fazerem os novos?
¿Cuánto tardan en hacerme unas nuevas?

Aqui está uma receita médica com o grau dos meus óculos.
Aquí tengo una tarjeta con mi graduación óptica.

Precisamos verificar o grau dos seus óculos.
Tenemos que graduarle la vista.

Enquanto isso, pode escolher a armação.
Mientras, puede elegir la montura.

Quebrou uma lente / a armação / a haste dos meus óculos.
Se me ha roto un cristal / la montura / la patilla de las gafas.

Podem consertá-lo(-a)?
Me lo pueden arreglar?

Poderiam ajustar-me a armação?
Podrían ajustarme la montura?

Perdi uma lente de contato. Poderiam providenciar uma outra igual à que tenho até amanhã?
He perdido una lente de contacto / lentilla. ¿Pueden hacerme una igual a la que tengo para mañana?

O senhor / a senhora usa lentes de contato gelatinosas ou duras?
¿Utiliza lentes de contacto / lentillas blandas o duras?

Sinto muito, mas em tão pouco tempo não é possível.
Lo siento, pero tan rápido no puede ser.

Necessito de um líquido para limpar as lentes de contato.
Necesito líquido para limpiar lentes de contacto / lentillas.

Polícia
En la policia

Eu queria registrar o roubo / a perda de ...
Quisiera denunciar el robo / la pérdida de ...

Dê-nos os seus dados pessoais, por favor, e conte o que aconteceu.
Dénos por favor todos sus datos y explique qué ha ocurrido.

O carro era seu ou era alugado?
¿El coche era de su propiedad o de alquiler?

Que objetos de valor havia na bolsa / na pasta?
¿Qué objetos de valor contenía el bolso / el maletín?

Na minha carteira estavam todos os meus documentos pessoais.
El billetero contenía todos mis documentos personales.

O senhor já mandou bloquear os cartões de crédito?
¿Ha anulado Ud. ya las tarjetas de crédito?

Leia o depoimento e, se estiver de acordo, assine-o.
Lea la declaración y, si está de acuerdo, fírmela.

Assim que tivermos alguma notícia entraremos em contato.
En cuanto sepamos algo nos pondremos en contacto con Ud.

Acidente de trânsito
Accidente de tráfico

O senhor / a senhora está bem?
¿Se encuentra Ud. bien?

Sim, não foi nada grave. Acho que este senhor está ferido / esta senhora está ferida.
Sí, no ha sido nada grave. Creo que el señor está herido / la señora está herida.

De qualquer modo queremos examiná-lo. Deite-se.
De todas maneras le efectuaremos un reconocimiento. Túmbese.

Mandem uma ambulância, por favor. É urgente.
Envíen por favor una ambulancia. Es urgente.

O senhor / a senhora viu o acidente?
¿Ha presenciado Ud. el accidente?

Precisamos do seu depoimento.
Necesitamos su declaración.

o motorista / o/a acompanhante / a testemunha
el conductor/la conductora / el/la acompañante / el/la testigo

o/a transeunte / o/a pedestre
el/la transeúnte / el peatón/la peatona

Veio de uma rua lateral.
Vino de una calle lateral.

Ultrapassou o sinal vermelho.
Pasó en rojo.

Não conseguiu frear em tempo / freou de repente.
No pudo frenar a tiempo / frenó de repente.

Nós batemos de frente / bateu na traseira do meu carro.
Chocamos de frente / Me dio por detrás.

arranhado / amassado / danificado / perda total
rayado / abollado / con daños / siniestro total

Achados e perdidos ▶▶ **17** *Polícia*
Oficina de objetos perdidos

Eu perdi … . Os senhores / as senhoras encontraram alguma coisa?
He perdido … . ¿Han encontrado Uds. algo?

Quando aconteceu isso?
¿Cuándo ocurrió?

Vou deixar o número do meu telefone para me avisarem se aparecer.
Le dejo mi teléfono para que me llamen si apareciese.

Índice remissivo

A
abreviações 23
achados & perdidos 116
acidente 115
acidente de trânsito 115
aeroporto 35
agência de turismo 59
agradecimentos 15, 105
alfândega 38
almoço / jantar de negócios 103, 104
aluguel de carros 40
aperto de mão 13, 79
aplausos 101
apresentação 14, 79
assalto, roubo 115
assembléia, reuniões 92, 96
atenção com os convidados 79
avião 35
avisos pelo alto-falante 36

B
bagagem 36, 37
banco 62
bebidas 54
brindar 104

C
café da manhã 51
câmbio (casa de) 62
cardápio 51
carros de aluguel 40
cartão de visita 84
check-in 36
cidades 109
cinema 59
comer e beber 47, 48, 103
compras 60
computador 80
comunidades autônomas 9, 10
concerto 59
condições de entrega 69
conduzir a discussão 95
conferências 92, 96
consenso 16, 93
contas 45, 56, 104
contato (manter o) 14, 83, 106
contato com os clientes 66
contratos 89
conversação 84, 107
conversas à mesa 104, 105
conversa trivial 107
convites pessoais 102, 105
convites profissionais 102
cores 22
correio 63
cortesia 105, 111
crianças 110
cultura 59
cumprimentar 13, 79

D
datas 19
dentista 113
descrição do produto 67
desculpas 16
despedir-se 14, 83, 106
diagrama 99
dias da semana 19
dificuldades na comunicação 17, 29
documentos de identidade 36
doença 112

E
economia 108
edifícios 58
empresa (apresentação) 71
empresa (desenvolvimento) 72
empresa (direção) 74
empresa (estrutura) 74
empresa (edifícios e instalações) 78
empresa (organização) 74
empresa (tipos de) 71
empresa (visitas) 78
encomenda 68
encontro (adiar) 32
encontro (confirmar) 32

encontros, visitas 31, 32, 78
equipamento 97
esclarecer 86, 93
esclarecimento 86, 94, 101
especialidades 49, 50, 51
espetáculos 59
esporte 110
estabelecimentos públicos 58
estação de trem 38
estande da feira 64
estar em forma 110
estrutura da empresa 74
etiqueta 11, 12, 79
eventos culturais 102
exposição 102
exposições orais 97, 98, 101

F
família 110
farmácia 114
fechar um negócio 89
feira (estande da) 64
feriados 19
feiras 64
ferrovia 38
formas de tratamento 11, 12
frases introdutórias 84, 107

G
gastronomia 47, 103
gesticulação 12
gorjeta 40, 56

H
horário comercial 59, 60
horas 20
hospedagem 33, 43
hotel 32, 33, 43

I
indicações de lugar 58
indicações de tempo 20, 22
informações 86, 101
instalações (visita das) 81
instruções 82

interessar-se 17
interromper 94
introduzir uma conversa 84, 107

J
jantar 103, 104, 105

L
lamentar 16
lazer 59, 110
língua(s) 9, 10

M
manter o contato 14, 83, 106
marketing 65
material de escritório 80, 97
médico 112
medidas 22
mensagem 98
meses 19
metrô 42
moderador 95
museu 59

N
nacionalidades 24
negociar 86
nome, sobrenome 11
números 18

O
oferta 68
ônibus 38, 42
opinar 16, 93
organização da fábrica 82
organograma 74
orientação 57, 64
ótica 114

P
pagamento (condições de) 69, 86
pagar 56, 104
países 9, 10, 24, 109
parceria 84
partida 45
passatempos 110
pauta da reunião, ordem do dia 92
pedidos 15

pedir 15, 44, 55, 80
pedir (restaurante) 48
pedir um tempo 88
pernoite 33, 43
pesos 22
planos, projetos 84
polícia 115
política 107, 108
pontos turísticos 59, 109
pontualidade 78
preparativos de viagem 31
presentes 105
problemas 37, 44, 90
produto (descrição do) 67
profissões 77
programa de visita 78
programas à noite 59, 102
propaganda 65
propostas 86

Q
queixas 44, 55

R
recepção (na) 43, 79
recibo 40, 56
reclamações 44, 55
recusa 16, 93
regiões 9, 10, 109
religião 107
reserva de mesa 48
reserva de vôo 35
responder, reagir 17, 86
restaurantes 47, 103
resumir 95, 101
reuniões 92, 96

roubo 42, 115
roupa 31, 92

S
saúde 112
secretária eletrônica 29, 30
setores de atividade 72
símbolos matemáticos 19
soletrar 17, 23
souvenir 109

T
tabus 12, 107
táxi 40
teatro 59
telefonar 26, 30, 44
telefone (informações) 26, 30
telefone (número de) 27
temas de conversa 47, 107
títulos 12
trajeto (informações sobre o) 57
trânsito 41, 57
transportes públicos 42
trem 38

V
viagem (preparativos de) 31
visita 59
visita às instalações 81
você (tu), vocês (vós) 11
votação 95
votos e solidariedade 111

Cromosete
Gráfica e editora ltda.
Impressão e acabamento
Rua Uhland, 307
Vila Ema-Cep 03283-000
São Paulo - SP
Tel/Fax: 011 2154-1176
adm@cromosete.com.br